国外国防科技年度发展报告（2021）

精确制导武器领域科技发展报告

JING QUE ZHI DAO WU QI LING YU KE JI FA ZHAN BAO GAO

中国航天科工集团第三研究院三一〇所

国防工业出版社

·北京·

图书在版编目（CIP）数据

精确制导武器领域科技发展报告/中国航天科工集团第三研究院三一〇所编著.—北京：国防工业出版社，2023.7

(国外国防科技年度发展报告.2021)

ISBN 978 – 7 – 118 – 12913 – 7

Ⅰ.①精… Ⅱ.①中… Ⅲ.①制导武器–科技发展–研究报告–世界–2021 Ⅳ.①TJ765.3

中国国家版本馆 CIP 数据核字（2023）第 117812 号

精确制导武器领域科技发展报告

编　　者	中国航天科工集团第三研究院三一〇所
责任编辑	汪淳
出版发行	国防工业出版社
地　　址	北京市海淀区紫竹院南路 23 号　100048
印　　刷	北京龙世杰印刷有限公司
开　　本	710×1000　1/16
印　　张	16¾
字　　数	188 千字
版 印 次	2023 年 7 月第 1 版第 1 次印刷
定　　价	118.00 元

《国外国防科技年度发展报告》
(2021)
编委会

主　任　耿国桐

委　员（按姓氏笔画排序）

王三勇　王家胜　艾中良　白晓颖
朱安娜　李杏军　杨春伟　吴　琼
吴　勤　谷满仓　张　珂　张建民
张信学　周　平　殷云浩　高　原
梁栋国

《精确制导武器领域科技发展报告》编辑部

主　　编　谷满仓

副 主 编　叶　蕾　文苏丽

编　　辑

刘都群　王雅琳　林旭斌

《精确制导武器领域科技发展报告》

审稿人员（按姓氏笔画排序）

任子西　刘永才　许玉明　杨宝奎
宋　闯　宋　斌　范茂军　徐　政
黄　燕　黄瑞松　戴江勇

撰稿人员（按姓氏笔画排序）

王　彤　王　韵　王俊伟　王雅琳
朱爱平　刘津鸣　刘都群　李文杰
李含健　宋怡然　张　灿　苑桂萍
周　栋　庞　娟　赵　倩　胡平国
胡冬冬　耿建福　贾安琪　高溥泽
黄利华

编写说明

科学技术是军事发展中最活跃、最具革命性的因素，每一次重大科技进步和创新都会引起战争形态和作战方式的深刻变革。当前，以人工智能技术、网络信息技术、生物交叉技术、新材料技术等为代表的高新技术群迅猛发展，波及全球、涉及所有军事领域。智者，思于远虑。以美国为代表的西方军事强国着眼争夺未来战场的战略主动权，积极推进高投入、高风险、高回报的前沿科技创新，大力发展能够大幅提升军事能力优势的颠覆性技术。

为帮助广大读者全面、深入了解国外国防科技发展的最新动向，我们以开放、包容、协作、共享的理念，组织国内科技信息研究机构共同开展世界主要国家国防科技发展跟踪研究，并在此基础上共同编撰了《国外国防科技年度发展报告》（2021）。该系列报告旨在通过跟踪研究世界军事强国国防科技发展态势，理清发展方向和重点，形成一批具有参考使用价值的研究成果，希冀能为实现创新超越提供有力的科技信息支撑。

由于编写时间仓促，且受信息来源、研究经验和编写能力所限，疏漏和不当之处在所难免，敬请广大读者批评指正。

军事科学院军事科学信息研究中心

2022 年 4 月

前　言

随着现在战争打击呈现出越来越强的非接触、精确化、信息化、体系化等特征，精确制导武器作为实现现代战场目标打击的主要装备，其相关技术受到世界各国的高度重视，正以前所未有的速度蓬勃发展。一体化设计、动力系统、制导控制、惯性导航、战斗部、引信、先进制造等专业技术的进一步突破，使得一大批更快、更远、更准、更智能的精确制导武器争相亮相。而量子技术、太赫兹、超材料、微系统、智能制造等前沿技术突破和应用，将在更大范围、更深层次影响着精确制导武器的发展和未来作战模式。

为了解和辨析国外精确制导武器技术的发展方向、趋势、重大进展与突破，中国航天科工集团第三研究院三一〇所组织中国航天科工集团第三研究院第三总体设计部、三十五所等单位的专家，对 2021 年精确制导武器技术及其专业领域的发展进行分析研究，供有关部门和科研生产一线的人员参考。感谢对本书的编写、出版给予支持的专家、作者和编辑出版人员。

由于编写时间仓促，且受信息来源、研究经验和编写能力所限，疏漏和不当之处在所难免，敬请广大读者批评指正。

编者

2022 年 5 月

目 录

综合动向分析

2021年精确制导武器领域科技发展综述 ……………………………… 3

2021年精确制导武器引战技术发展综述 ……………………………… 15

2021年惯性技术发展综述 ……………………………………………… 22

2021年精确制导武器指控技术发展综述 ……………………………… 36

2021年高超声速飞行器技术发展综述 ………………………………… 45

重要专题分析

综合与战略

2021年美国高超声速导弹工业能力建设态势分析 …………………… 57

美国"太平洋威慑计划"谋求构建第一岛链精确打击网 ……………… 66

从2022财年预算看美军联合全域指挥与控制概念发展 ……………… 70

美国政府问责局评估高超声速武器发展现状 ………………………… 78

高超声速技术

美国推进高超声速飞机发展 …………………………………………… 83

美国吸气式高超声速导弹技术进展分析 ……………………………… 90

美军高超声速助推滑翔武器 AGM–183A 发展分析 ················ 96

美国"作战火力"项目成功进行可变推力发动机的地面试验 ··········· 103

巡航导弹技术

朝鲜远程巡航导弹技术分析 ································· 108

以色列"海上破坏者"智能化导弹分析 ························· 118

先进前沿技术

分布式跨域自适应任务规划关键技术取得突破 ··················· 123

美国国防高级研究计划局"灵巧波形射频定向能"项目分析 ·········· 130

美国空军成功完成"迅龙"托盘弹药系统实弹投射试验 ············· 136

美国海军陆战队发展新型无人车载岸舰导弹系统影响分析 ··········· 142

演习试验

美国国防科学委员会《推演、演习、建模与仿真》报告解读 ·········· 148

美军"北方利刃2021"演习概况与分析 ······················· 154

附录

2021年精确制导武器领域科技发展十大事件 ···················· 167

2021年精确制导武器领域科技发展大事记 ····················· 177

2021年精确制导武器领域重要战略文件汇编 ···················· 234

2021年精确制导武器领域重大项目梳理 ······················· 238

2021年精确制导武器领域重大科研试验 ······················· 244

综合动向分析

2021 年精确制导武器领域科技发展综述

2021 年，世界主要军事国家在精确制导武器导航制导、动力、毁伤、发射等技术领域取得多项重要进展，并着力突破网络化、智能化和数字化技术，谋求适应未来强对抗作战环境并赢取主动权。

一、研发适应复杂战场态势的导航制导技术

2021 年，美国大力发展应对未来高端战争的导航制导技术，澳大利亚等国探索不依赖 GPS 的新型惯性导航技术，提升精确制导武器的作战性能。

（一）卫星导航与惯性导航性能进一步提升

（1）改善 GPS 定位导航与授时服务。2021 年，美军积极推进军用 M 码 GPS 小型接收机、集成电路、半导体元器件和测试等系统的研发，旨在提升 GPS 信号捕获和抗干扰性能，并减小接收机尺寸和能耗，增强精确制导弹药等武器系统在强电磁对抗环境下的卫星导航能力。

（2）发展利用人工智能等新技术的惯性导航系统。1 月，美国国防高级研究计划局（DARPA）"弹用精确鲁棒惯性制导"项目完成新一代惯性传

感器原型研制，精度较目前广泛使用的惯性测量单元高出 1 个数量级。该惯性测量单元使用基于下一代微机电系统技术的传感器来实现高精度测量，后续研究将在保持尺寸、重量和功耗的同时，使传感器精度提升 3 个数量级。6 月，澳大利亚推出世界首套全数字光纤陀螺惯导系统 Boreas D90（图1），尺寸、重量、功率及成本较传统光纤陀螺仪降低了 40%，该系统内含超快陀螺罗经，可在不依赖 GPS 及地磁导航情况下，于 2 分钟内获取航向信息，同时，利用人工智能技术的融合算法还可获取更多数据。9 月，美国空军研究实验室授出"隐身与认知敏捷导航系统"项目合同，旨在设计一种在 GPS 信号无法获取情况下，利用人工智能、机器学习和新一代认知计算技术的惯性导航原型系统，计划 2026 年完成原型设计。

图 1　澳大利亚全数字光纤陀螺惯导系统 Boreas D90

（二）为多种先进导弹研发新型制导系统

2 月，美国陆军下一代战术弹道导弹"精确打击导弹"成功进行多模导引头的第二次系留飞行试验，后续导引头将集成至导弹并进行验证。该导引头采用射频和红外成像双模复合制导，使导弹具备打击海面移动目标的能力，反舰型"精确打击导弹"将于2025年服役。7月，"远程反舰导弹"新一代导引头开始生产，计划集成至第4批和第5批导弹。新导引头经过设计改进后成本降低，但寻的能力更强、生产和测试也更简单，未来将进一步缩小尺寸、增强寻的能力和提升生产效率。10月，美国海军开始"战斧"Block Va导弹多模导引头小批量生产。"战斧"Block Va导弹又称为"海上打击战斧"，通过加装导引头具备对水面移动目标的打击能力，计划2023年服役。

二、重点发展高超声速动力技术和小型涡喷推进技术

2021年，世界主要军事国家全面推进高超声速动力技术研发，美国、土耳其在小型涡喷发动机方面取得重要进展（图2），大幅提高精确制导武器速度和射程。

（一）加速研发高超声速导弹动力技术

2月，日本防卫省着手发展高超声速巡航导弹超燃发动机，计划2025年前后达到重要里程碑节点。5月，美军"作战火力"项目成功完成高超声速导弹助推器第二级固体火箭发动机的全尺寸地面点火试验，实现了按需中止推力，验证了可变推力"节流式"固体火箭发动机技术。该技术将有助于高超声速导弹在飞行中调整射程，使导弹具备打击大范围内不同距离目标的能力，增强作战灵活性。5月至10月，美国海军"中程常规快速打击"高超声速导弹分别开展2次第一级和1次第二级固体火箭发动机静态点火试验，均达到预定性能指标。9月，美军"高超声速吸气式武器概念"项目研制的高超声速巡航导弹原型成功完成自由飞行试验，验证了高超声

速巡航导弹原型的气动布局、碳氢燃料超燃冲压推进、热管理等关键技术，为高超声速巡航导弹后续研发奠定基础。

（二）开展超声速和亚声速战术导弹发动机研制

3月，印度成功进行远程空空导弹固体燃料冲压发动机飞行试验，验证了助推器和无喷管发动机技术。4月，土耳其自研的TEI-TJ300涡喷发动机进行试验，打破同类型发动机最大推力的世界纪录。该发动机直径240毫米，产生的速度可达马赫数0.9，最大推力可达1342牛，是同尺寸涡喷发动机的1.5倍甚至更高。6月，美国空军研究实验室"经济可承受先进涡轮技术"项目完成890牛推力低成本涡轮发动机核心机试验，试验突破了两项关键技术：一是应用新型陶瓷复合材料承受更高温度和强度；二是通过3D打印制造出更轻的换热器，提高了发动机燃烧效率、热效率和推重比。该项目研究内容包括先进推进技术、完整的综合动力与热管理技术等，成果在未来将主要应用于无人机和低成本小型巡航导弹，使其在确保性能要求的同时，通过降低动力系统成本增强飞行器的经济性。

图2　土耳其TEI-TJ300涡喷发动机

三、研制增强毁伤效果和多样性的先进战斗部

2021年,世界主要军事国家重点发展增强毁伤能力的高性能战斗部,以及具有颠覆性毁伤效果的高功率微波战斗部,提升精确制导武器软硬杀伤效果。

(一) 增强火力毁伤战斗部侵彻和高爆性能

(1) 多国研发先进高性能战斗部。7月,美国空军完成AGM-183A"空射快速响应武器"高超声速助推滑翔导弹杀爆战斗部的首次地面引爆测试,并采集了爆炸数据以供毁伤效果评估。9月,德国空军为增强型"宝石路"Ⅱ精确制导炸弹采购Mk 83改进型侵彻战斗部,该战斗部采用低爆炸威力装药和可编程多功能引信,可优化弹药打击硬目标和面目标的毁伤效能。11月,乌克兰成功进行云爆战斗部的原型测试,该战斗部装药配方为负氧平衡温压炸药,毁伤半径为4~5米,燃烧过程中温度可超1500℃;该战斗部还装有一个冲击侵彻体,能够穿透摧毁装甲车、墙壁和掩体。

(2) 美国大力发展新型钻地弹。7月至10月,美国空军完成GBU-72 "先进5000磅级钻地弹"一系列试验,包括挂载、带飞、投放以及地面试验。在10月的飞行试验中,1架F-15E战斗机从10千米高空投放了1枚GBU-72,成功验证了GBU-72的投放安全性,以及2000磅级"联合直接攻击弹药"的GBU-31尾翼套件改进后可用于控制和制导GBU-72(图3)。GBU-72还在美国空军埃格林基地进行了多次地面试验,其规模为此前试验的2倍以上,美国空军通过爆炸压力传感器和破片计算设备收集了大量数据。GBU-72将装备美战斗机和轰炸机,主要用于打击地面深埋

加固目标，较 GBU-28（5000 磅重钻地弹，1991 年服役，可穿透 6 米厚混凝土）杀伤力大幅增加。GBU-72 的设计过程采用了先进的建模仿真技术，使早期原型可以代表批量生产和部署时的实际情况，有助于后续环节人员提前参与武器验证改进。

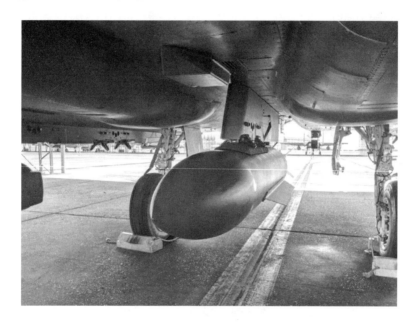

图 3 F-15E 战斗机挂载的 GBU-72 钻地弹

（二）提升高功率微波战斗部软杀伤能力

2 月，DARPA 发布"灵巧波形射频定向能"项目，拟研制稳定、高功率、宽带行波放大器和创新性灵巧波形技术，通过调制频率、幅值和脉冲宽度，灵活调节高功率微波电磁脉冲的波形，提升后门耦合攻击的作用距离和效果，增强高功率微波对复杂外形目标内部电子组件和电路的干扰和破坏效果。项目预计通过 4 年研究将当前高功率微波武器的后门攻击作用距离提升 10 倍，大幅提升高功率微波武器打击范围；并使高功率微波武器可有效打击多类战场目标，提升高功率微波武器的实战化水平。

四、探索弹药发射和运用新模式

2021年,世界主要军事国家开展多种新型弹药发射、运用模式研究和试验,旨在提升精确制导武器的作战灵活性和火力密度。

(一)推进新型空空导弹携载发射系统研发

2月,DARPA向三家公司授出"远射"项目第一阶段合同。该项目旨在开发和验证一款可发射空空导弹的无人机,无人机既可外挂于现役战斗机,也可内挂于轰炸机。有人机在对手防区外发射"远射"无人机,无人机突入防区发射空空导弹,以增加交战范围、提升武器效能、提高任务效率、降低有人机风险,来对抗对手空中威胁。该项目还将探索多模式、多杀伤系统的全新交战概念(图4)。

图4 "远射"项目概念图

(二)密集开展运输机投送大量弹药演示试验

3月至12月,美国空军进行了6次"迅龙"技术演示验证项目试验,从C-17和C-130运输机投送由托盘装载的远程巡航导弹模拟弹、惰性弹和实弹。12 月的首次实弹投送试验中，MC－130J 机载作战管理系统通过超视距指控节点接收新目标数据，并启动托盘弹药系统发射程序，托盘弹药系统从飞机释放后，远程巡航导弹与弹药托盘分离，命中并摧毁目标。后续项目将拓展至更多种类弹药，可使美国空军现役运输机具备大量投射防区外打击武器的能力，大幅提升美军远程防区外火力打击能力和灵活性。

（三）探索无人平台与导弹集成作战能力

8 月，美国海军陆战队在演习中从无人车试射了"海军打击导弹"，通过远征前进基地传感器信息成功命中 185 千米外目标，并演练了气垫船、KC－130J 运输机快速部署回收无人车。该无人车集成了"联合轻型战术车"底盘、"海军打击导弹"双联装发射箱及其火控系统，并配备了多种传感器，计划 2023 年部署到近海作战团（图 5）。4 月，美国海军驱逐舰在演习中利用无人系统的目标指示信息，成功发射"标准"－6 导弹命中 400 千米外的靶船。

图 5　美国海军陆战队"海军打击导弹"无人发射车

12月，俄罗斯演示"猎户座"无人机发射导弹进行空空作战。"猎户座"无人机首先跟踪目标，然后使用9M113"短号"反坦克导弹的一种改型导弹打击4千米范围内的旋翼无人机。另外，"猎户座"无人机还使用该导弹进行了空地作战试验。

（四）发展弹间网络化与跨域杀伤网技术

2月和5月，美国空军完成2次"金帐汗国"项目飞行试验（图6），验证最多6枚弹药建立弹间通信，遵循预定交战规则，识别、评估和协同打击多个目标，从外部平台向飞行中弹药发送更新目标信息，以及弹药同时到达目标等能力。5月，美国X-Net数据通信链路通过国家安全局最高加密等级认证，后续将集成至小型弹药的网络化设计中。X-Net是新型的小型双向数据链，可不断跳频，选择作战最佳频段，为强对抗射频环境中弹药目标更新或重定位提供高鲁棒性的安全通信。

图6 "金帐汗国"项目试验中F-16战斗机发射协同弹药

6月，以色列增强"怪蛇"-5近程空空导弹网络化能力，使其可以从配备"全球链接"软件定义无线电系统的平台接收目标信息。7月，英国国防部宣布启动"协同打击武器技术演示器"项目，旨在研究弹群间的通信、数据共享和协作技术，并将评估多种战术和应用场景，为导弹协同作战能力提供软件、硬件和作战应用研究基础，预计2年内完成全部工作。

（五）实践高超声速武器作战运用模式

5月，美国空军在"北方利刃2021"演习期间成功完成高超声速杀伤链模拟闭环试验。期间，1架B-52轰炸机通过"全域作战能力试验"分布式指控和数据融合生态系统，跨域获取1850千米外的地面传感器目标信息后，模拟发射了AGM-183A高超声速导弹，对1100千米外目标进行打击。此次试验成功模拟了从地面传感器到机载发射器的全链路高超声速武器杀伤链，以及基于全域指控概念的高超声速武器作战运用。

五、利用新兴前沿技术加速提升作战效能

2021年，世界主要军事国家在网络化、智能化和数字化领域开展技术攻关，旨在从根本上变革精确制导武器的研发流程与作战使用。

（一）人工智能技术提升导弹作战能力

7月，以色列"海上破坏者"多用途导弹研制成功。该导弹可由水面舰艇与地面系统发射，进行反舰与对陆打击；可利用人工智能技术进行深度学习，实现基于大数据的场景匹配并完成自动目标识别和捕获；导弹数据链还支持实时人在回路决策和战术更新，可基于预定攻击计划，根据航向点、方位角、撞击角和瞄准点选择攻击时间和攻击位置，具有多向、同步攻击能力，以及飞行中中止打击和战场毁伤评估能力。

（二）数字工程变革精导武器研发模式

美军开展弹药数字化设计演示。1月，美国空军研究实验室利用"虚拟

战争弹药模拟平台"对"武器一号"数字孪生项目进行了演示验证。演示基于"灰狼"低成本网络化导弹项目的一个 24 小时空中任务指令周期模型,展示了导弹通过"先进战斗管理系统"将飞行中收集到的战场数据回传至虚拟数字孪生体,以及借助人工智能和机器学习技术评估潜在的软件升级、确定行动方案,并在下一个 24 小时空中任务指令周期进行性能改进等内容。后续美国空军将继续开发数字孪生系统,支持新兴技术概念的快速评估和新能力开发。3 月,美国空军宣布"金帐汗国"项目下一步将通过"罗马竞技场"数字孪生武器生态系统进行演示,以快速集成、开发和测试变革性网络化自主协同武器。

美国建设高超声速导弹数字化工厂。7 月,美诺斯罗普·格鲁曼公司开始建设高超声速卓越中心,将采用最先进的生产技术并实施数字工程,为高超声速武器提供从设计、研发到生产、集成的全生命周期管理,提高研发效率和交付速度。该中心预计 2023 年完工。10 月,美国洛克希德·马丁公司启动新的高超声速智能数字生产设施建设,将集成多种数字化工具,以快速满足美军高超声速导弹的生产需求。

俄罗斯运用数字模拟技术研制高超声速武器。2021 年俄战术导弹集团在进行高超声速武器的研制过程中,使用有限元模拟程序包对产品空气动力学特性、强度和结构可靠性建模,对数千摄氏度高温、等离子层条件下的产品状态进行了模拟试验研究。

六、结束语

2021 年,美国持续备战高端战争,全面开展精确制导武器各分领域技术研发,并聚焦武器网络化自主协同和数字化技术;其他主要国家也紧随其后，在各技术领域取得突破。其中，能够改变战争形态的精确制导武器新兴技术，是当前发展的重中之重，需要持续高度关注。

（中国航天科工集团第三研究院三一〇所　王雅琳）

2021 年精确制导武器引战技术发展综述

2021 年,国外精确制导武器引战技术正在不断发展和成熟,包括重型钻地战斗部技术、非轴对称战斗部技术、复合侵彻战斗部技术、战斗部增材制造技术、多功能与高精度引信技术等。新型炸药相继研制成功,能量释放机理研究持续发展。

一、推动重型钻地战斗部技术,提升对敌方超强加固防御工事毁伤效应

高当量钻地战斗部可以弥补同等质量钻地战斗部侵彻深度小、毁伤威力小的缺点,对敌方超强加固防御工事具有显著毁伤效应,且能够依靠高温、高压气体和巨大冲击波迅速消耗工事内氧气形成二次杀伤。

2 月,美国空军计划将重约 907 千克的 BLU–137 重型侵彻战斗部的年产量由 3500 枚大幅提升至 5500 枚,以满足预期的库存需求。该型战斗部于 2015 年由美国空军启动研制,2018 年 9 月形成初始作战能力,旨在打击钢筋混凝土工事和其他加固目标。

10月，美国空军采用1架F-15E"攻击鹰"在埃格林空军基地首次测试了质量高达2268千克的GBU-72"先进重型钻地制导炸弹"，此次试射旨在验证该弹机载发射的安全性。该弹采用GPS并辅助惯导系统，可用于攻击地下防御工事、指挥控制大楼、机场跑道等坚固目标。据报道，GBU-72重型钻地制导炸弹旨在摧毁朝鲜和伊朗的地下核设施。

二、验证非轴对称战斗部技术，提高空间利用率

非轴对称战斗部主要是指战斗部主体结构为非圆柱体、与导弹弹体结构随形设计的一类战斗部。针对导弹战斗部舱段的外形特点，传统战斗部的圆柱形设计会导致战斗部舱段的空间利用率降低，导弹有效载荷偏小，战斗部威力无法最大化。将战斗部尽量按照导弹舱段的形状设计为非轴对称结构，则能够充分利用战斗部舱段的空间，使战斗部具有更大的炸药装填量，使导弹武器发挥出更大的作战能力和综合毁伤效应。

3月，美国轨道ATK公司在得克萨斯博内特试验靶场进行了一次非轴对称战斗部的静爆试验（图1）。试验目的：一是检验3D打印制造的战斗部壳体性能；二是验证非轴对称战斗部的破片散布和毁伤威力。该战斗部

图1 轨道ATK公司公布的非轴对称战斗部试验照片

为美国新型高超声速滑翔导弹设计，其非轴对称结构，除具有高升阻比保持高速飞行，还能够提高炸药装填率，同时可应用3D打印制造技术，一体化成型提高炸药装药密度。

三、发展复合侵彻战斗部技术，增强对坚固目标的侵彻能力

复合侵彻战斗部由前后两级组成。前级为聚能装药，用于对目标防护层开坑；后级为侵彻战斗部，依靠自身动能沿前级开坑穿入目标内部爆炸。复合侵彻战斗部自诞生以来，一直被认为是导弹武器打击坚固目标并实现克敌制胜的重要法宝。

7月，俄罗斯战术导弹武器公司在2021年莫斯科航展上展示了新型Kh-59MKM反舰导弹。该弹重930千克，弹长5.7米，翼展1.3米，用于打击坚硬目标或深埋目标，可穿透3米的钢筋混凝土。该弹配装360千克复合侵彻战斗部，其前部为4×40千克的圆柱形聚能破甲战斗部（图2），在命中目标时产生金属射流对目标进行初级开孔；后部为320千克的侵彻战斗部，将进一步穿透目标并在其内部爆炸。

图2　Kh-59MKM导弹前级战斗部结构图

四、应用增材制造技术，降低异型战斗部加工难度并提高原材料利用率

由于高超声速武器战斗部空间结构限制，战斗部设计和加工日趋复杂，增材制造技术可以大大减小异型战斗部的加工难度和制造周期。

3月，美国轨道ATK公司在得克萨斯博内特试验靶场进行试验，测试了新研战斗部静爆特性。该战斗部从概念设计到测试只用了60天，其新型3D金属打印设备采用多维加工工艺，将制造时间缩短为半个月。除了能够更快地制造原型装备，3D打印技术还将在生产领域节约大量成本。此次静爆试验旨在验证非轴对称战斗部爆炸产生破片的散布情况和威力，以及对比分析使用3D金属打印技术制造的战斗部零件是否能和传统方法制造的零件具备相同的性能。

五、实现多功能与高精度引信技术创新，提升武器对不同目标的精确打击能力

引信技术向多功能、高精度发展，以满足精确制导武器对最佳炸点起爆和毁伤威力提升的需求。

8月，美国空军授出4300万美元合同，生产联合可编程引信。该引信是多功能引信系统，可打击多种目标，兼顾软、硬目标，其延迟设置可用于打击强防御工事的地下目标，触发设置可用于打击地面目标，非触发设置可用于对区域目标实施空爆，可取代现役的多种引信。

7月,美国桑迪亚国家实验室完成了引信电子传感器的研制工作。该引信电子传感器为核弹头设计,可设置最佳起爆高度,更好地计算引爆时间,对目标造成最大毁伤威力,这是一项重要的技术创新,其研发经费高达数十亿美元。该引信电子传感器已配备美国海军核潜射弹道导弹核弹头,将使毁伤威力增大约1倍。

六、开展新型炸药合成和机理研究,以适应未来严苛环境战斗部装药需求

战斗部装药向高能量密度、低感度方向发展。目前,多种高能钝感含能材料相继研制成功,如 $CNMs/Al/KClO_4$ 新型纳米铝热剂、1,3,4-恶二唑桥联呋咱、IHEM-1等;含能材料冲击能量释放特性、含能材料快速加热能量释放特性、炸药受热结构变化与钝感性能机理、炸药老化机理、炸药主成分差异与爆轰性能机理等理论研究也持续开展,以满足未来严苛环境下战斗部装药需求。

3月,加拿大蒙特利尔大学制备和表征了新型纳米铝热剂及其性能。蒙特利尔大学研究评估了不同碳纳米材料(CNMs)对基于高氯酸钾($KClO_4$)和纳米铝粉(Al)的纳米铝热剂热(含能材料冲击能量释放特性)行为的影响。随着碳纳米材料,特别是氧化石墨烯的加入,释放的总热量得到改善,氧化石墨烯产生的燃烧热增加最多。此外,最高分解温度降低,表明点火特性增强。这些新型纳米铝热剂组合物可以显著改善燃烧和点火性能,仅添加5%的氧化石墨烯就能使燃烧热增加200%。此外,点火温度从545.1℃降低到508.7℃,增强了燃烧性能。

8月，美国爱达荷大学制备了一系列1，3，4-恶二唑桥联呋咱，其结构经核磁共振、红外光谱、元素分析和X射线单晶衍射分析证实，评估了热稳定性、摩擦敏感性、冲击敏感性、爆速和爆压。其中羟铵盐B具有优异的爆轰性能和低感度，显示出其作为高能低感炸药的巨大潜力；并以2，4，6-三氨基-5-硝基吡啶-1，3-二氧化物（ICM-102）作为原料，经强酸水解制备出IHEM-1及其离子盐。经X射线衍射仪技术测试表明IHEM-1的晶体结构中存在大量的分子内和分子间氢键。差示扫描量热法测试表明IHEM-1分解温度为271℃，高于黑索金（RDX）（205℃），与奥托金（HMX）（270℃）相当。由于存在大量的分子内和分子间氢键，IHEM-1具备优良的爆轰特性和低机械感度，有望代替三氨基三硝基苯（TATB）作为一种低感高能环境友好的含能材料。

1月，美国伊利诺伊大学研究了Al/B_2O_3和Al/BiF_3纳米材料在冲击压缩下的快速能量释放特性。金属基活性纳米材料可产生比传统炸药多2~3倍的能量，但放热反应速度慢，不能产生足够的气体爆炸产物。伊利诺伊大学通过间歇反应研磨制备了Al/Bi_2O_3和Al/BiF_3两种纳米材料，并采用3千米/秒的撞击速度引发，快速的能量释放产生的温度高达3200开。研究表明，虽然金属基活性纳米材料粉末本身不可能产生爆炸，但作为引爆系统的添加剂，可显著提高化学炸药的能量。

2月，德国弗劳恩霍夫化学技术研究所采用原位X射线衍射仪技术对1，1′-二羟基-5，5′-联四唑二羟胺盐（TKX-50）在受热过程中晶体结构变化、热膨胀与各向异性峰展宽进行了分析。通过与剑桥晶体数据中心（CCDC）数据库的对比，验证了TKX-50在受热时的高度各向异性膨胀行为与其层状结构相关。

2021年，美国洛斯阿拉莫斯国家实验室研究了老化对季戊四醇四硝酸酯（PETN）雷管发火性能的影响，研究结果表明，75℃下加速老化 30 天的试验条件，可显著改变未添加稳定剂的太安炸药的比表面积及其晶粒大小，并导致雷管作用时间延长；对进行了多糖包覆和添加了稳定剂的太安炸药的影响则很小。该实验室通过测量 PBX9012 和 PBX9501 的爆轰性能和飞片特性，研究了 HMX 含量差异对爆炸毁伤效果的影响。研究结果表明，在 HMX 含量差异显著的炸药配方之间，其爆轰性能存在相似关系。

9 月，美国陆军研究实验室研究了快速加热条件下硼-铝热剂的释能特性，比较了硼-铝热剂混合物的早期反应过程，硼在铝热剂中与 CuO 和 Bi_2O_3 的混合物能增强点火和燃烧性能，阐明了在极高加热速率下，硼-金属氧化物在微秒级和毫秒级上的化学反应差异。

七、结束语

综上，引战技术在 2021 年取得了快速发展，对提高精确制导武器装备的综合性能具有重要意义，对武器装备的发展具有借鉴和促进作用。

（中国航天科工集团第三研究院第三总体设计部　李含健　周栋）

2021 年惯性技术发展综述

惯性技术是导航和控制领域的重要技术方向，具有自主导航定位、不受外部干扰等优势。2021 年，其技术发展与应用范围仍在不断扩大，呈现出蓬勃的发展态势。

一、惯性器件技术蓬勃发展，性能不断优化

陀螺仪和加速度计是惯性技术的基础与核心，其发展始终引领惯性技术的发展。2021 年，光纤陀螺、微机电陀螺和加速度计等惯性器件技术持续向更高精度，更低尺寸、重量、功耗和成本（SWaP&C），以及更好的环境适应性方向发展。

（一）光纤陀螺仪技术持续发展，性能进一步提高

光纤陀螺（FOG）技术日趋成熟、精度不断提升、体积功耗不断降低，具有高精度、高可靠性，体积、功耗和成本适中等优势。目前，光纤陀螺已成为高性能战术级、导航级和战略级陀螺仪的主流产品。

5 月，澳大利亚的先进导航公司推出了基于新型数字光纤陀螺仪

（DFOG）技术的战略级惯性导航系统 Boreas D90。该陀螺仪零偏稳定性达到 0.001°/小时，角度随机游走 0.001°/$\sqrt{小时}$，标度因子稳定性 $10×10^{-6}$，动态范围 ±490°/秒，带宽 400 赫。DFOG 首次采用具有重大变革特殊设计的闭环光纤环和先进的扩频数字调制技术，显著提高了 DFOG 的精度、稳定性和可靠性，并显著减少了 SWaP&C。

高端战术级应用仍是小型光纤陀螺的领地。6 月，韩国 Fiberpro 公司推出基于光纤陀螺的战术级惯性测量单元 FI 200C。9 月，法国 iXblue 公司推出了光纤陀螺仪的 Umix 系列紧凑型战术级惯性测量单元，工作中漂移 0.03°/小时，残余漂移 0.2°/小时，由于固态光纤陀螺的优异特性，其平均故障间隔时间达 12 万小时。12 月，俄罗斯 Fizoptika 公司推出小型光纤陀螺 VG2103，角度随机游走 0.02°/$\sqrt{小时}$，外形 ϕ55 毫米×17 毫米，重 70 克，功耗 0.5 瓦。

基于光子集成芯片的光纤陀螺紧凑型战术级产品面世。4 月，美国 KVH 公司推出基于光子集成芯片技术的 P－1750 和 P－1725 两款战术级惯性测量单元。KVH 的光子集成芯片技术采用集成的平面光学芯片代替多种单独的光纤元件，以简化结构、减小尺度和成本，并保持或提高精度和可靠性。

（二）微机电陀螺从战术级向导航级发展

微机电系统凭借体积小、重量轻、可靠性高、成本低等特点，在精确制导弹药、无人机及民用领域得到大量应用。随着技术进步，其性能正从战术级向导航级迈进，环境适应性进一步提高。

3 月，英日合资的硅传感系统公司推出了高性能单轴微机电全硅陀螺仪 CRH03（图 1），含 5 个动态范围选项，由 ±10°/秒到 ±400°/秒，对应的零偏稳定性为0.03°/小时~0.1°/小时，带宽50~100赫，外形尺寸33毫米×33毫米×25毫米，供电为5伏/30毫安。该陀螺是目前硅传感系统公司性能最高的产品之一，其精度达到了一些光纤陀螺和动调陀螺的水平，且在成本、体积等方面更具优势。

在联邦德国定位和导航协会（DGON）年会上，美国诺斯罗普·格鲁曼公司介绍了其研制的新型单轴硅微机电陀螺仪μCORS（图1）。该产品为单轴科里奥利速率陀螺，是模块化设计的微机电陀螺平台，底座尺寸为50毫米×50毫米，质量小于80克，功耗≤2瓦，可适应不同应用。诺斯罗普·格鲁曼公司对其进行了两种特性测试：一种为抗冲击型，能在800g/0.5毫秒的高冲击水平下工作；另一种侧重低噪声和高重复性，性能达0.3°/小时（含噪声）。后者将通过优化方案和芯片设计，向导航级应用发展。

图1 高性能硅微机电陀螺仪

（左图为硅传感系统公司的CRH03，右图为诺斯罗普·格鲁曼公司的μCORS）

在DGON年会上，美国安科光电公司展示了正在开发的石英音叉陀螺的微机电惯性测量单元SDI500（图2）。该产品为科里奥利振动陀螺仪，最初由美国Systron Donner公司（已被安科光电公司收购）开发，以超纯单晶石英微加工而成的双端音叉为敏感部件。常温下，陀螺零偏稳定性达0.005°/小时，角度随机游走0.001°/√小时，具有导航级精度。陀螺（含前置放大器）尺寸为1.275英寸×0.85英寸×0.23英寸（1英寸=25.4毫米）。安科光电公司表示，单晶石英科里奥利振动陀螺仪是高性能微机电陀螺的最优选择。

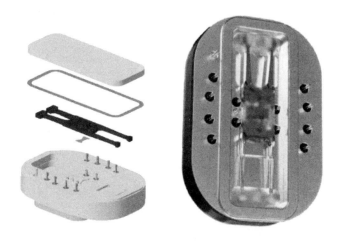

图2 安科光电公司的微机电石英音叉陀螺

在微小型、高可靠性微机电陀螺方面，美国Analog Devices公司在IEEE惯性会议上介绍了其新型同步质量陀螺仪，其敏感面积仅1.5毫米×1.5毫米，具有抗振动、长期稳定等特性，已用于ADIS1654系列惯性测量单元。该陀螺3个月的零偏稳定性为0.55°/小时，加速度敏感系数0.8°/（小时/克），10年的零偏重复性为50°/小时，较前一代产品分别提升了4倍、30倍和10倍。

（三）微机电加速度计技术从战术级应用迈向导航级应用

微机电加速度技术也在快速发展，以其小体积、低成本、高可靠性，在制导炮弹等战术武器领域及民用领域获得广泛应用。其中，石英振梁加速度计是精度最高的一类,极具发展潜力,目前精度已达到甚至超过导航级,向战略级发展,正处于产品化阶段,有望替代传统技术,广泛应用于高端战术级应用。

石英振梁加速度计领域,法国 iXblue 公司在 2021 年 IEEE 惯性会议上介绍了其新型导航级石英振梁加速度计(图 3)。该产品在具有大动态、高性能的同时,还有体积、重量小和功耗低的明显优势。该加速度计具有 $100g$ 的大动态范围,在全温范围($-40\sim85℃$)的漂移优于 $100\mu g$、标度因子优于 30ppm、噪声低于 $5\mu g/\sqrt{赫}$、分辨率优于 $1\mu g$ 的导航级性能,质量不到 8 克,功耗 50 毫瓦。安科光电公司 DGON 年会上介绍了石英微机电传感器的 IMU SDI500,其石英振梁加速度计最初由 Systron Donner 公司开发,为三明治结构,敏感质量在两个相同谐振梁之间,采用气密封装,外形尺寸为 1 英寸×1 英寸×0.365 英寸。常温下,具有零偏稳定性 $0.1\mu g$、速度随机游走 $0.3\mu g/\sqrt{赫}$ 的战略级性能;变温环境下,具有导航级性能。

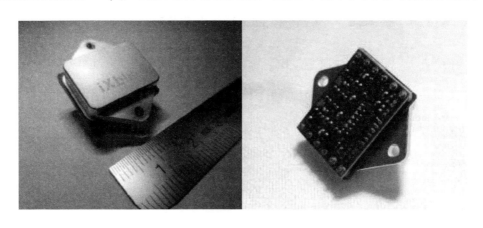

图 3　iXblue 公司的导航级石英振梁加速度计

在微小型微机电加速度计领域,1 月,日本 TDK 公司推出了单轴数字闭环微机电加速度计 AXO315(图 4)。该产品具有低噪声和出色的线性度特性，可在苛刻的温度和振动条件下，提供优异的偏置重复性和标度因子重复性。AXO315 采用 SMD 陶瓷封装，尺寸 12 毫米×12 毫米×5.5 毫米，重1.4 克；动态范围±14g，温度范围 -55~105℃，零偏稳定性4μg，噪声15μ$g/\sqrt{赫}$，年综合偏置重复性1mg，年综合标度因子重复性600×10^{-6}，在同类产品中性能领先。3 月，美国角斗士技术公司推出新型三轴数字微机电加速度计 A300D（图 4），该产品具有低噪声、高动态的特点。其动态范围±40g，带宽 800 赫，速度随机游走（噪声）58μ$g/\sqrt{赫}$，出厂已全温标定，变温漂移500μg，体积 0.6 英寸^2，重 19.25 克。

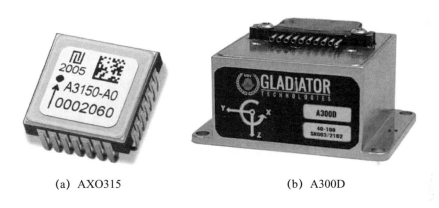

(a) AXO315　　　　　　　(b) A300D

图 4　微小型数字微机电加速度计产品

美国佐治亚理工大学在 IEEE 惯性技术会议上介绍了其高性能频率调制的谐振式硅微机电加速度计，线性范围25g。在 260 赫带宽下初步测试显示，其具有零偏稳定性2μg、速度随机游走0.66μ$g/\sqrt{赫}$、分辨率0.05μ$g/\sqrt{赫}$~0.1μ$g/\sqrt{赫}$的优异性能；英国剑桥大学介绍了其差分硅微机电振梁加速度计，其量程仅±1g，但具有噪声10n$g/\sqrt{赫}$、900s 零偏稳定性达 7ng 的低噪声和高稳定性的特点，代表了目前世界振梁微机电加速度计的最高性能指标。

二、紧凑型惯性系统不断涌现，挑战更高性能

（一）小型惯性测量单元新产品层出不穷，各具特色

惯性测量单元一般由三轴陀螺、三轴加速度计、辅助电路、结构壳体和接口等组成。随着陀螺、加速度计向小型化、高性能发展，惯性测量单元呈现出更高精度、小型化、轻质、低功耗、低成本和更好的环境适应性的发展趋势，展现出更广阔的应用前景。

（1）光纤陀螺的高端战术级惯性测量单元性能不断优化。光纤陀螺的高端战术级惯性测量单元具有精度较高、体积较小、成本适中等特点，为保持市场主流地位，在精度、体积、可靠性等方面不断优化，如图 5 所示。

图 5　基于光纤陀螺的小型战术级惯性测量单元（左为 Fiberpro 公司的 FI 200C，中间为 iXblue 公司的 UMiX，右为 KVH 公司光子 PIC 技术 P 系列产品）

前述美国 KVH 公司 P–1750 和 P–1725 两款战术级惯性测量单元，与 2020 年发布的 P–1775 一起，形成采用光子集成（PIC）技术的 P 系列紧凑型惯性测量单元全线产品。P 系列惯性测量单元具有高带宽的特点，采用紧凑型外壳设计，质量小于 700 克，具有更强的抗振动和冲击的能力。P–1750 的

零偏稳定性达到 0.05°/小时。

前述韩国 Fiberpro 公司光纤陀螺的战术级惯性测量单元 FI 200C，包含三轴光纤陀螺和三轴微机电加速度计，陀螺动态范围±490°/秒，在全温度范围内具有小于 0.5°/小时的偏置稳定性，角度随机游走 0.03°/$\sqrt{小时}$，加速度计工作中偏置稳定性 15μg，标度因子 300×10^{-6}，质量 790 克，功耗 5 瓦。

前述法国 iXblue 公司光纤陀螺的 UMiX 系列紧凑型战术级惯性测量单元，被誉为"改变游戏规则者"和世界上最紧凑的高性能惯性测量单元。该产品基于先进的光纤陀螺和集成技术，具有零偏稳定性 0.03°/小时的近导航级性能，采用 iXal-S 导航级石英振梁加速度计，最大动态范围 100g，外形尺寸仅 φ88.9 毫米×75 毫米，平均功耗 4 瓦。优良性能和小体积，使其适用于多种平台的战术级和短时导航级应用。其中，UMiX U5 为军民两用产品，UMiX U9 为军用产品。

（2）基于微机电技术的小型战术级惯性测量单元性能获得新突破。随着微机电惯性器件技术发展，小型战术级惯性测量单元产品性能不断突破，如图 6 所示。

图 6　小型战术级微机电惯性测量单元产品
（左为惯性实验室公司的 IMU-NAV-100，中间为安科光电公司的 SDI170，右为硅传感系统公司的 DMU41）

3月，美国惯性实验室公司推出IMU–NAV–100战术级惯性测量单元。据称，该产品是该公司迄今性能最好的惯性测量单元，俯仰和横滚精度为0.03°/0.06°（静态/动态），工作中陀螺零偏稳定性为0.5°/小时，变温漂移15°/小时，加速度计零偏稳定性达3μg/15μg（动态范围±8g/±40g），带宽260赫，尺寸59.2毫米×48.2毫米×48.2毫米，重155克，功耗3瓦。

4月，美国安科光电公司推出了SDI170型石英微机电惯性测量单元，以替代霍尼韦尔公司的HG1700–AG58激光陀螺惯性测量单元。SDI170采用密封石英陀螺仪和加速度计，体积540厘米^3；陀螺工作零偏稳定性为1°/小时~1.5°/小时，角随机游走0.02°/$\sqrt{小时}$；加速度计的工作零偏稳定性为100~200μg，标度因子稳定性200×10^{-6}。与HG1700惯性测量单元相比，SDI170惯性测量单元可提供高度线性的加速度计性能和更长的使用寿命。

9月，英日合资的硅传感系统公司推出新型惯性测量单元DMU41。其陀螺动态范围±490°/秒，零偏稳定性0.1°/小时，角随机游走0.015°/$\sqrt{小时}$，变温漂移±7°/小时；加速度计动态范围±10g，工作零偏稳定性为15μg，变温漂移±1.7mg。DMU41工作温度范围为－40~85℃，外形尺寸为50毫米×50毫米×50毫米，质量200克，功耗1.5瓦。硅传感系统公司表示，DMU41为现有产品中性能最高的硅微机电惯性测量单元。

（3）微机电技术小型近导航级惯性测量单元精度不断提高。随着微机电惯性器件性能向导航级精度发展，微机电惯性测量单元性能已接近导航级，并继续向更高精度发展，如图7所示。在IEEE惯性会议上，美国霍尼韦尔公司介绍了其正在开发的导航级微机电惯性测量单元HG7930。HG7930源于战术级微机电惯性测量单元HG1930，具有相同的底面积和接口，体积136厘米^3。样机性能较HG1930有一个量级的提升，工作温度范围为－54~

85℃，变温下陀螺漂移0.21°/小时，加速度计漂移105μg，陀螺偏置重复性优于0.1°/小时，角度随机游走0.0035°/√小时，加速度计偏置重复性优于20μg，1s艾伦方差优于10μg。HG7930的开发重点是进一步优化性能，提高在多种导航相关应用中的能力。

(a) 霍尼韦尔公司的HG7930　　(b) EMCORE公司的SDI500

图7　近导航级微机电惯性测量单元样机

美国安科光电公司在DGON会议上展示了近导航级微机电惯性测量单元SDI500，其体积约310厘米^3，具有高端战术级至导航级的整体性能。其微机电传感器采用石英科里奥利振动陀螺仪和石英振梁加速度计，最初由Systron Donner惯性公司开发。在常温工作中，陀螺的零偏稳定性达到0.005°/小时，角度随机游走为0.001°/√小时，加速度计零偏稳定性0.1μg，速度随机游走0.3μg/√赫，具有导航级陀螺和战略级加速度计性能；在-55~90℃的变温环境下，陀螺漂移优于0.2°/小时，标度因子误差优于50×10^{-6}，加速度计漂移20μg，标度因子误差25×10^{-6}，具有高端战术级陀螺和导航级加速度计性能。安科光电公司仍在进一步提高其性能，该产品精度至少还有一个量级的提升空间。

（二）惯性导航系统向小型化、高精度发展

惯性导航系统结合卫星接收机、星敏感器、磁传感器等导航器件，通过导航计算机和导航算法，为载体提供精确的姿态、速度和位置信息。随着相关器件向小型化、高性能发展，惯性导航系统正向小型化多源信息融合与高性能两个方向发展，如图 8 所示。

（a）先进导航公司的 Boreas D90　　（b）赛峰公司的 Geonyx™ M

图 8　高精度紧凑型惯性导航系统

前述澳大利亚先进导航公司的战略级惯性导航系统 Boreas D90，配备了双天线 RTK GNSS 接收机，结合复杂的融合算法，以实现准确可靠的导航。该系统实现 0.005° 的超高滚动/俯仰精度，其加速度计动态范围 $\pm 15g$，零偏稳定性 $7\mu g$，标度因子稳定性 100×10^{-6}；其超快速陀螺罗盘 2 分钟即可获取航向信息，在不依赖卫星导航情况下，航向精度 0.01°，航位推算精度为行驶距离的 0.01%；结合卫星导航，航向精度 0.006°，位置精度优于 0.8 米。系统外形尺寸 160 毫米 × 140 毫米 × 115.5 毫米，重 2.5 千克，功耗 12 瓦，与性能相似的竞争系统相比，在体积、重量、功率和成本方面降低了 40%，可应用于多种平台。

近年，法国赛峰公司基于其领先的半球谐振陀螺（HRG）技术和生产能力的突破，推出多型惯导产品，改变惯性市场的格局，引领 HRG 惯性技术发展。其半球谐振陀螺产品精度覆盖战术级、导航级和战略级，具有高可靠、超长寿命的特点，在同等精度下的具有体积、重量和成本优势。6 月，赛峰公司推出首个两栖惯性导航系统 Geonyx™ M。该系统使用导航级的 HRG CrystalTM 半球谐振陀螺，相对于 Geonyx、Argonyx、Black-onyx 系列惯导产品，其在性能、可靠性和鲁棒性方面均有所突破。HRG CrystalTM 航向精度优于 1 千分之一英寸（mils），体积 6 升，重约 7 千克，可在极端条件下可靠工作，具有多用途、快速对准、超长寿命等特点。

在商用与军用领域，超小型、多源信息融合的战术级微机电惯导系统发展活跃，如图 9 所示。3 月，美国惯性实验室公司推出低成本的 U-Blox GPS 辅助惯性导航系统 INS-U。该产品采用单天线、多星座 U-Blox GNSS 接收机，由三轴温度校准的微机电加速度计和陀螺仪、两个气压计、一个微型陀螺补偿磁通门罗盘组成，尺寸 82 毫米×40 毫米×26 毫米，重 200 克。11 月，霍尼韦尔公司推出了小体积、轻质量和低功率的紧凑型惯性导航系统，尺寸约为一副纸牌大小，可满足商用和军用需求。

(a) 惯性实验室的 INS-U　　(b) 霍尼韦尔公司的紧凑型惯导

图 9　超小型微机电惯性导航系统

冷原子技术具有超高灵敏测量能力，已被验证可实现漂移和噪声极低的陀螺仪和重力仪，但因其测量频率低、带宽窄，限制了该技术的高动态应用。在 DGON 会议上，德国莱布尼兹汉诺威大学介绍了基于冷原子干涉仪的惯性导航系统算法研究，通过半仿真冷原子干涉仪与传统惯性测量单元传感融合算法，使冷原子系统与传统惯性测量单元实现优势互补，仿真得到的导航位置和姿态漂移分别为原来的 1/30 和 1/100。英国伯明翰大学在 IEEE 惯性会议上介绍了其研制的高数据速率原子干涉重力仪，目标灵敏度 $10^{-7}g/\sqrt{赫}$，1 个月稳定性 $10^{-9}g$，将用于重力匹配导航。

三、惯性技术不断创新，形成多层级发展势头

当前，相关研究机构和厂商均积极开展惯性技术新一轮创新，谋求其性能水平再次跃升。

（一）陀螺仪和加速度计精度向更高水平突破，体积更加小型化

光学陀螺技术处于最成熟阶段，精度涵盖战术级、导航级到战略级，占据导航应用的主流，并向战略级应用扩展。微机电陀螺和加速度计在 SWaP&C、力学环境适应性、寿命等方面处于优势水平，目前在商业级和战术级应用中优势明显，并随着技术发展，逐步扩大在高端战术级应用的竞争力，少数微机电陀螺仪精度已达到或接近导航级水平；石英振梁加速度计精度较高，部分产品已超过导航级精度，并向战略级精度发展。

（二）惯性导航系统向高精度、小型化、低功耗方向发展，性能不断优化

光纤陀螺、微机电陀螺和加速度计、半球谐振陀螺等惯性器件技术的

发展，促进了惯性导航系统向高精度、小型化、低功耗方向发展，同时降低了成本。微机电陀螺发展，在商业级和战术级应用逐渐替代光纤陀螺；光子芯片技术、闭环数字调制技术等新技术，则使光纤陀螺 SWaP&C 更低、性能更强，拓宽了应用市场。半球谐振陀螺正快速进入应用，对传统光学惯性技术形成挑战，冷原子惯性技术等前沿技术仍在持续探索。

（中国航天科工集团第三研究院三十三所　高溥泽　胡平国　黄利华）

2021 年精确制导武器指控技术发展综述

指挥控制系统作为作战体系中枢,在各类指控技术支撑下,直接决定精确制导武器的作战能力。2021 年,在多域战、联合作战概念的推动下,指控系统得到进一步发展。美国继续大力推进联合全域指挥与控制(JADC2)概念,并逐渐向联盟及联合全域指挥与控制(CJADC2)方向发展。其他主要国家在加强自身指控系统发展的同时,加强了与盟国的联合演示试验,指控能力得到了很大提升。通信、人工智能以及 5G 和量子等技术在军事领域的应用进一步深化,增强了系统互联互通互操作性能,极大地支撑了新型作战概念下指控系统的发展。

一、加强指控系统升级改造和演示试验,开发和测试多域作战和联合指控能力

(一) 美国全速推进 JADC2 技术发展,加强演示试验以提高联通性

为应对新兴大国竞争,美国各军种全速推进 JADC2 技术发展,旨在通过全球弹性网络共享数据,为美国提供更大的军事优势。JADC2 目标是确

保具有弹性指挥控制，以及足够的战场感知能力，促使参与联合或联盟作战的射手和传感器发挥最大的作用。

1. 发布 JADC2 战略和实施计划，加强顶层规划

2021 年 6 月，美国国防部发布了《JADC2 战略》，确定了各军事部门如何连接各领域传感器，使用网络化方法进行作战，并明确了努力方向，其关键是将各军种的计划项目协调成一个可互操作的技术和行动框架，依靠智能团队在各军种之间协调工作。9 月，美国国防部审查了《JADC2 战略实施计划》。该计划概述了美军为实现 JADC2 所需的 DevSecOps 软件开发环境、零信任网络安全、云技术、传输层、身份管理、对抗对手"反介入/区域拒止"能力以及任务伙伴环境 7 种最低可行产品。此外，多供应商云能力与地球低轨道卫星相结合是 JADC2 跨职能团队感兴趣的另一个领域，有助于以高带宽在全球传输数据，并将成为边缘信息处理的关键。

2. 建立 JADC2 企业级云，促进数据从总部到战术边缘的传输

对美国而言，未来战争的关键不是平台或武器系统，而是一个网络，即 JADC2。美国国防部想要一个涉及多个云供应商和合同的联邦云系统，以促使 JADC2 获得成功。当前，仅有一个军事云（milCloud）2.0 可提供这种能力，它可以使用以数据为中心的体系架构，支持不同应用程序和信息系统跨领域和战术边缘共享数据，还能托管机密级关键任务应用程序，并提供韧性且全球可访问的云解决方案。

3. 加强各军种 JADC2 项目的发展和演示试验，增强系统间的互联互通互操作性能

（1）空军重点发展先进作战管理系统（ABMS）。6 月，美国空军推出 ABMS 多个"能力发布"计划，包括开发一种配备于 KC-46 加油机的数据链吊舱，可使 F-35 和 F-22 共享数据；利用云计算、网络、人工智能和其他新技术，加快国土防御任务的决策速度；对数据管理进行基线投资，重点放在 IT 基础设施上，以支持大数据存储、处理和移动等。

2021 年，ABMS 进行了多次演示试验以验证系统的联通性。5 月，美国空军在德国进行了 ABMS "跨域 4 号"演示试验，测试了利用高弹性网络连接和通信集成并部署战术边缘节点的能力。7 月，美国空军进行了 ABMS "跨域 5 号"架构演示与评估演示试验，以实现一体化决策优势和敏捷、分布式作战。8 月，KC-135 加油机参加美国空军 ABMS 演示试验，展示了先进的通信、任务计算和传感器技术，这是 KC-135 首次使用战术瞄准联网技术。8 月，RQ-4B "全球鹰"无人机参加美国空军 ABMS 演示试验，作为机载网络边缘节点，提供持续的通信中继和安全处理。9 月，诺斯罗普·格鲁曼公司与美国空军利用空军的 DevSecOps 环境——"平台一号"，首次演示了云环境下"平台一号"的快速软件部署。

（2）陆军重点发展会聚工程（Project Convergence）。10 月，美国陆军在亚利桑那州尤马试验场和新墨西哥州白沙导弹靶场启动了为期 6 周的"会聚工程 21"作战演习，旨在找出可突破高端对手"反介入/区域拒止"系统能力技术，并为未来全域作战测试新技术、能力和作战概念。今年的演习由陆军第 82 空降师、多域特遣部队、空军、海军和海军陆战队的大约 7000 人参加，还有 900 多名数据收集人员，是一次真正意义上的联合行动，共测试了 27 个传感器到射手的连接，测试了 110 多项新技术，涉及 7 个战术场景。通过测试，美国陆军领导人逐步认识到网络是未来战争支柱，并努力应对即将到来的带宽争夺战。美国国务卿表示，可靠、稳定、有弹性的网络是正在使用的所有系统基础的基础。网络以及有保证的定位、导航和授时（APNT）技术是陆军需要保护的能力。总体而言，今年的会聚工程演习是成功的。陆军已开始规划"会聚工程 2022"，将进一步推动现代化，并计划引入英国、澳大利亚、新西兰、加拿大等国的军事力量与先进技术，增强联合作战能力。

（3）美国海军重点发展对位压制工程（Project Overmatch）。对位压制工程自去年 10 月启动以来已完成了三个螺旋开发周期，今年进入第四轮试验（共四轮）。为支持该工程，8 月，美国海军信息战系统司令部（NAVWAR）启动了人工智能和网络先进海军技术（AINetANTX）的第二阶段挑战赛，要求参赛者使用云端数字环境"对位压制软件库"进行技术演示，并部署了首个军用数字环境"应用兵工厂"，首次使海军能够远程自动下载应用程序软件，加快了向舰队交付新能力和软件更新的速度。11 月，美国海军宣布了 AINetANTX 挑战赛的优胜者，并对该工程试验进展表示满意。美国海军将在 2022 年末或 2023 年初在航母打击群上部署该工程试验成果，然后视情在舰队扩大部署范围，并注重与陆军和空军的 JADC2 开发工作保持同步。从美国海军 2022 财年预算中可以看出，美国海军将通过三项机密级项目为该工程申请经费。

除进行实战演习外，美军还积极创建虚拟环境以评估 JADC2 网络。美国 SCALABLE 网络技术公司利用数字孪生技术，为 JADC2 原型和试验创建了一个综合虚拟 – 实兵 – 构造作战网络环境（JADC2 CLONE），大大降低了军事演习、作战分析和测试评估的成本和风险，以便在最具挑战的环境中更好地遂行指挥控制，从而为未来作战人员提供更好的联通性和指挥决策。

（二）其他国家加强指控系统的发展和联合/联盟军演，不断增强联合/联盟指控能力

1. 俄罗斯

俄罗斯陆、海、空、网络一体化联合作战指控系统与美国的 JADC2 相似，使用人工智能搜索目标并制订打击计划，不同在于该系统试图将人排

除在外，力求在无人干预的情况下，独立探测潜在目标并分配导弹打击任务；寻求能更好应对地缘政治威胁的人工智能技术，开发能够实时和前瞻性分析军事政局的超级计算能力；尝试结合自主与人工智能，并融入核指挥和控制系统，确保核威慑力与可靠的二次打击能力。

2. 英国

英国对标美国海军"对位压制工程"，打造海军打击网络（NSN），旨在为日益分布式、解聚型的未来舰队充当信息骨干。根据设想，NSN 将成为英国海军的一个顶层信息架构，将使有人和无人资产在一个单一、一体化的网络中协同作战。英国海军今年正在投资，继续交付 NSN 的要素。据外媒分析，NSN 将是一个基于通用架构和标准的泛海军数字骨干，未来所有传感器、效应器和判定器都将互联。

（三）各国大力开展联合/联盟军演，提升联合/联盟指控能力

3 月，美国驻欧非空军完成了 CJADC2 演示活动，测试了联合部队的能力，以及盟友与合作伙伴通过网络对联合部队进行指挥控制的能力。参与部队包括美国驻欧非海军/陆军、美国战略司令部以及英国、荷兰和波兰空军等。5 月，以色列空军、步兵、装甲兵、炮兵和海军部队在加沙进行了首次多域战行动，使用高性能武器系统，执行海、陆、空作战行动，并能够根据非以军情报进行精确火力打击。5 月，美国与欧洲多国进行了"星际骑士"演习，美国空军首次演示了新型空中组件作战网络和移动战区作战弹性指控系统连接美国各军种和盟国的能力。9 月，美国与澳大利亚举行"护身军刀 2021"军演，展示了 F－35"闪电"Ⅱ战斗机与虚拟"宙斯盾"武器系统实时共享传感器数据的能力，以及 F－35 战斗机与盟国非 F－35 平台通过多功能先进数据链进行实时数据交换的能力，为"太平洋威慑计划"目标提供了直接支持。

二、加强军用通信技术发展，打造韧性灵活通信网络

（一）美国持续推进通信技术发展，助力实现 JADC2 愿景

美国空军持续加大对战场机载通信节点（BACN）系统开发的资金投入，BACN 作为重要的战场通信节点，能够克服不同地形、环境、通信体制和其他战场干扰因素的限制，通过高空中继的方式将不同类型的战场通信节点、人员、装备和手段进行有效互联，确保在复杂地形和自然环境下不同作战单元之间的信息共享。2021 年 1 月，美国空军授予诺斯罗普·格鲁曼公司价值 36 亿美元的合同，用于继续支持 BACN 的运行维护和支持。6 月，空军授予 Learjet 公司价值 4.65 亿美元的庞巴迪环球 6000 公务机合同，用于改装成 E-11A BACN 飞机。

2021 年 4 月，美国陆军批准了一项快速开发"战术空间层"的计划，其目的是整合现有和新开发的天基计划和资产，简化向战场快速交付移动、可扩展、可互操作和敏捷能力的过程，其重要能力之一就是定位、导航和授时（PNT），在 10 月举行的"会聚工程 21"中，陆军对"战术空间层"原型进行了评估。

（二）美国持续推动 5G 技术在通信领域的应用

美国洛克希德·马丁公司积极开发军用 5G 技术，并进行技术验证。2021 年 3 月，洛克希德·马丁公司与 Ominspace 公司合作探索基于 5G 标准的"混合"通信网络，这种全球非地面网络（NTN）将在全球范围内为商业、企业和政府设备提供无处不在的通信，洛克希德·马丁公司希望能够为国防部提供 5G 连接以支持 JADC2，用于同时管理陆、海、空、天、网络领域的复杂信息中心战。11 月，洛克希德·马丁公司与 Verizon 公司共同测

试军用 5G 移动网络技术，测试中将一个商用 5G 移动网络与战斗机使用的一项军用通信网络通过洛克希德·马丁公司生产的网关进行连接，实现目标坐标的发送和接收。另外，洛克希德·马丁公司还与是德科技公司签订战略合作备忘录，利用 5G 测试平台测试所有民用 5G 通信组件和接口，评估民用 5G 网络存在的安全漏洞，确定 5G 国防通信网的技术方案。

（三）美国积极采用新技术增强通信能力

11 月，美国陆军表示其 C5ISR 中心正在开发一种基于开放式体系架构的 PntOS 软件，旨在通过提供适应性、可重新配置能力实现新型定位、导航和授时（PNT）传感器的随时接入。PntOS 软件核心是一个应用接口程序，可以作为与不同程序或应用互联的软件中介实现其相互理解。应用接口程序是美国国防部向 JADC2 方向发展的核心，实现不同系统在任何作战域间相互传递数据。12 月，美国陆军向英国 pureLiFi 公司授予合同用于向美国陆军提供其 Kitefin 系统，该系统采用可见光无线通信（Li－Fi）技术，能够解决与频谱射频部分相关的重要问题。目前该系统已部署在美国陆军欧洲和非洲部队，美军希望可以扩大该技术的军事应用，以获得通信优势。

三、加速人工智能技术指挥与控制系统应用，进一步向智能化战争迈进

（一）美国国防部门调整政策和顶层架构，促进人工智能在指挥控制系统应用

6 月举行的国防部人工智能研讨会上，美国国防部副部长提出"人工智能和数据加速"（AIDA）计划，将依托作战司令部的试验或演习活动来测

试人工智能及数据能力,加速人工智能技术在 JADC2 中的应用。12 月,美国国防部专门成立数字与人工智能行动办公室,希望该办公室能够在人工智能领域迅速取得成果,以应对中国带来的威胁。

(二) 美国各军种加速人工智能技术在指挥控制系统应用验证,以获取战场优势

2021 年 2 月,美国陆军在"陆军远征战士实验 21"(AEWE21)中演示了以色列拉斐尔先进防务系统公司的"鬼火术士"(Fire Weaver)系统。"鬼火术士"是一种利用人工智能技术的传感器到射手系统和战场态势感知系统,该系统能够在 GPS 拒止环境中通过增强的态势感知提升地面作战能力,并且通过集成战区传感器收集的数据提供一个共享的全数字化通用作战图。3 月,美国北方司令部发起全球信息主导演习(GIDE2),主要测试了 3 项人工智能/机器学习软件——Cosmos、Lattice 和 Gaia。3 个工具可以公开共享数据、收集各类数据并向指挥官呈现清晰的战场态势图,有助于指挥官进行快速、正确决策,实现 JADC2 所需信息优势。7 月,北方司令部发起全球信息主导演习(GIDE3),重点测试了联合人工智能中心的人工智能工具"红娘"(Matchmaker),该工具能够在 JADC2 中关联并分析来自不同作战域的数据,取代目前人工分析师通过无线电交流存储在不同作战域中数据的过程。10 月,美国陆军展开"赤龙"(Scarlet Dragon)项目第四次演习,演习中,美国陆军同海军、空军和海军陆战队合作利用人工智能技术快速发现、定位并摧毁目标。10 月,美国空军与英国共同演示验证了新型联合机器学习算法,演示过程中,两国创建一个作战场景,通过使用通用平台,操作人员可以分享数据和机器学习算法以支持广域态势感知,提供给军队更好的信息进行决策。

四、结束语

2021年,随着联合全域作战概念的不断深入和发展,世界主要军事国家加强了指控系统的升级改进和联合军演,多域战和联合/联盟指控能力得到了很大提升。为应对未来作战,美国空军提出建设下一代战役级指控设想,即通过创建多个节点和通信路径,使指控更具弹性;利用基于云的自动化系统替换遗留的本地化系统,使指控更加敏捷;根据作战环境需求进行组织,使指控更加高效;建立和培养一支战役级指控专家队伍,使指控更加专业。新的指控设想必将大大提升作战的指控能力,增强系统互联互通互操作性能,提升精确制导武器联合跨域作战能力,为打赢未来信息化、智能化战争打下坚实基础。

(中国航天科工集团第三研究院八三五七所 刘津鸣 王韵)

2021 年高超声速飞行器技术发展综述

2021 年,国外高超声速飞行器技术呈加速发展态势。美国高超声速技术进入武器化关键时期,导弹研制部署进程加速;同时布局多个高超声速飞机型号项目,推动可重复使用高超声速飞行器技术发展。俄罗斯持续推进高超声速导弹试验部署进程,启动多个新型号,强化在高超声速领域的技术优势和领先地位。日本、法国稳步开展高超声速导弹技术开发工作。朝鲜和韩国陆续公布高超声速导弹新项目,加入高超声速技术竞赛。

一、美国

2021 年,美国密集开展高超声速导弹试验,加速高超声速技术武器化进程;同步开展适配平台改装与作战研究,推动作战能力生成。官方启动多个高超声速飞机项目,可重复使用高超声速飞行器技术发展势头渐强。在试验能力、基础/应用研究上不断发力,发展高超声速先进技术;工业能力建设同步推进,满足未来大规模部署军事需求。

(一) 制定高超声速现代化战略与升级路线图,牵引高超声速技术发展

美国国防部于 2 月制定了一项高超声速现代化战略,加速发展和交付高超声速作战能力。一是 21 世纪 20 年代初期发展出高生存性陆、海、空基常规高超声速打击武器，实现在关键时间对海上、沿海及纵深重要战术目标实施远程打击；二是 21 世纪 20 年代中后期建成全面、分层的高超声速防御能力；三是 21 世纪 30 年代初期到中期发展出可重复使用高超声速系统，实现情报、监视、侦察和打击一体化能力，以及用于太空快速两级入轨的第一级。

美国国防部还制定了高超声速武器技术路线图，计划未来每两年升级一次高超声速武器。重点支持末端导引头、数据链及新弹头研制，实现对竞争对手的技术超越。

为支撑高超声速领域发展，美国持续加大高超声速领域经费投入。美国国防部在 2022 财年为高超声速领域共申请 38 亿美元，相比上一财年申请额增长 18.8%。其中，高超声速导弹原型样机与技术验证项目在 2022 财年的申请经费高达 23 亿美元，占比 61%。另据美国政府问责局 3 月估算，2015—2024 财年美国在高超声速领域的经费总额将近 150 亿美元。

（二）调整高超声速导弹项目布局，重视高超声速巡航导弹技术发展

2021 年，美国启动多个高超声速巡航导弹新项目。根据最新预算，美国在 2022 财年正式启动空军"高超声速攻击巡航导弹"（HACM）和海军"进攻性反水面战武器增量Ⅱ"（OASuW Ⅱ）项目，推进海、空军高超声速巡航导弹发展。美国海军研究办公室开展"啸箭"（Screaming Arrow）项目研究，旨在开发验证一型可由 F/A－18E/F"超级大黄蜂"舰载机挂载的高超声速巡航导弹；同时依托波音公司开展 HyFly 2 高超声速巡航导弹项目，重启双燃烧室技术方案，为航母舰载机提供高超声速打击能力。美国空军计划开展"Mayhem"消耗性高超声速吸气式演示器研究，开发一型"更大有效载荷以及更远飞行距离"的吸气式高超声速飞行器，可搭载"区域效

应载荷""大型单载荷""情监侦载荷"三类有效载荷任意一种,执行不同关键任务。美国空军还依托波音公司、洛克希德·马丁公司和雷声公司开展"南十字星综合飞行研究试验"(SCIFiRE)研究,将各自吸气式高超声速巡航导弹原型样机概念推进至初步设计审查阶段。

(三)密集开展高超声速导弹试验,同步进行适配平台改装,加快高超声速导弹研制部署进程

1. 美国陆、海、空军完成多项高超声速地面/飞行试验,推动关键技术成熟

美国国防高级研究计划局"作战火力"(OpFires)项目成功完成高超声速导弹助推器第二级固体火箭发动机全尺寸静态点火试验,验证可变推力"节流式"固体火箭发动机技术。美国空军"空射快速响应武器"(AR-RW)进行3次飞行试验和1次杀伤链闭环模拟试验,但3次试飞均失败,只成功模拟超视距杀伤链的闭环。美国空军"高超声速吸气式武器概念"(HAWC)助推飞行试验成功,促进美国高超声速巡航导弹型号发展。美国海军"中程常规快速打击"高超声速导弹开展了3次发动机地面点火试验,成功验证第一级固体火箭发动机推力矢量控制系统和第二级固体火箭发动机性能。10月,美国陆、海军首次开展助推滑翔高超声速武器"首次联合飞行试验",验证"通用高超声速滑翔体"弹头与助推器集成,但因助推器故障未能成功。

2. 同步开展适配平台改装,为部署高超声速导弹做准备

2021年,美军推进高超声速导弹适配平台改装工作,为高超声速武器入役做准备。美国海军正对3艘"朱姆沃尔特"级驱逐舰进行改装,拆除舰艇前部两个155毫米先进舰炮系统,将替换为在研的"先进有效载荷模块"(APM)垂直冷发射系统,预计2025年部署。2028年还将实现在"弗吉尼亚"级核潜艇上的部署，形成舰/潜射综合高超声速打击能力。美国空军则依托波音公司为 B-52 轰炸机研制"大力神"挂架，使"空射快速响应武器"携载能力将由 4 枚提升至 6 枚。

3. 开展杀伤链闭环模拟试验与先期操作训练，加速高超声速导弹作战能力的生成

美国空军 B-52 战略轰炸机成功跨域模拟了 AGM-183A 高超声速导弹进行远程防区外超视距火力打击，构建完整高超声速打击杀伤链。美国陆军"远程高超声速武器"导弹连接收除实弹外的全套地面装备，开展先期操作训练，后续将参与飞行试验，试训一体，加快作战能力的生成。据美国战略司令部称，美军正研究适用高超声速武器的指挥控制架构，各型助推滑翔高超声速武器成熟后，将交由美国战略司令部进行统一指挥控制。

（四）官方启动多个高超声速飞机新项目，可重复使用高超声速飞行器技术发展势头渐强

2021 年，美国高超声速飞机由多年技术储备正式转向型号研制，主要推进基于现货涡轮的涡轮基组合循环（TBCC）组合动力高超声速飞机研究，官方启动多个新项目。NASA 在高超声速技术计划框架下，分别授予通用电气公司（GE）和 Aerion 超声速公司高速飞机设计和推进系统研究合同。GE 公司飞机名为"Aether"，研究重点是 TBCC 动力和耐高温陶瓷基复合材料。Aerion 公司则聚焦于马赫数 3~5 的亚高超声速飞机的推进和热管理技术。美国空军授予 Hermeus 初创公司"夸特马"（Quarterhorse）高超声速飞机研究合同，用于未来 3 年内开发、建造和试验三架其首款"夸特马"可重复使用概念机（图 1），11 月公布概念原型，计划于 2024 年进行验证试飞。

综合动向分析

图 1　"夸特马"高超声速飞机样机

（五）持续推进高超声速试验设施建设，发展试验支持新能力

2021 年，美国持续推动高超声速地面试验设施升级改造，发展飞行试验支持新能力，推动高超声速试验能力建设。①在地面试验能力建设方面，阿诺德工程研究中心（AEDC）持续推动设施升级改造，完成 9 号风洞马赫数 18 升级，为深入研究整个任务轨迹中的高超声速装置性能提供支持；完成 J-5 大型清洁空气、可变马赫数高超声速试验设施压力容器安装，未来将允许具有不同压力需求的多个设施同时试验，提高试验效率。普渡大学开始兴建一座马赫数 8 静音风洞和一座高超声速脉冲激波风洞，可复制极高速推进的发动机条件，为高超声速推进系统研究提供支持。②在飞行试验能力建设方面，美国平流层发射系统公司完成"利爪"-A（Talon-A）高超声速飞行试验平台关键设计审查，并成功对其载机进行第二次试飞。诺斯罗普·格鲁曼公司持续推进"SkyRange"项目，完成 4 架退役"全球鹰"无人机改装，为其配备空中目标优化雷达、激光雷达（LiDAR）和多光谱望远镜的光电传感器等新设备,可实现近实时发送试验数据,支持高超声速飞行试验。美国国防部还着手编写《高超声速飞行试验工程实践指南》,旨在总结经验教训,帮助高超声速飞行试验取得成功。

(六)重视工业能力建设,发展数字化先进制造能力

2021年,美国通过兴建生产设施、创新制造模式等举措,推进高超声速导弹工业能力建设。洛克希德·马丁公司陆续开设"臭鼬工厂"先进制造厂和导弹装配大楼4(MAB4),集成机器人技术、电子泡沫板、智能扭矩工具、人工智能、增强现实等在内的多项数字化能力,支持高超声速导弹高效率生产。诺斯罗普·格鲁曼公司开始建造"高超声速卓越中心",运用数字工程实现无损检测的自动化处理,并部署自动驾驶装置来提高安全性和可靠性,优化高超声速导弹开发效率。

3D打印技术将在高超声速导弹数字化开发制造中广泛运用。美国海军水面作战中心达尔格伦分部将与美国国防部机构、行业合作伙伴以及学术专家共同合作,使用3D打印技术领导高超声速武器的开发。

2021年,美国国防部依托"应用高超声速大学联盟"共授出18个合同,总价值2550万美元,用于高超声速自主飞行能力研究、高超声速分离过程建模和实验测量研究,以及空气动力学代理数据库开发等方面研究。同时还依托军工企业、军备联盟等,开展高超声速系统天线技术、高超声速飞行器射频雷达罩和红外窗口、GPS外的定位导航与授时系统替代方案,以及引信技术等高超声速导弹关键系统开发工作。

二、俄罗斯

2021年,俄罗斯不断发力,持续推动高超声速导弹武器发展与实战化部署，意图维持在高超声速领域的领先优势。

（一）密集开展高超声速导弹试射，加速研制部署进程

2021年，俄罗斯密集开展"锆石"高超声速导弹试射，完成多次水上发射和首次水下发射试验，验证导弹飞行距离超过350千米，速度超过马赫数7，目前其试验已接近尾声，将从2022年开始列装俄罗斯海军。

（二）推动多型高超声速导弹实战部署

俄罗斯对发射井进行改进以装备"先锋"导弹，首个"先锋"高超声速导弹团在2021年底进入作战值班状态，第二个导弹团在2023年底进入作战值班。另一型"匕首"空射高超声速导弹继在南部军区装备后，正在实施在西伯利亚的克拉斯诺亚尔斯克边疆区的部署安排。

（三）公布新型高超声速武器

俄军宣布将在2022年进行小型机载高超声速导弹"锐利"试验，该导弹将采用先进冲压喷气发动机技术，注重小型化，首次采用大气层内可控高超声速飞行技术，将成为打击航母战斗群的利器。俄军还为其航空航天部队研制Kh-95新型远程高超声速导弹；同时在"幼虫-MD"项目的实验设计工作框架下，为俄罗斯战机研制新型高超声速导弹。

三、法国

法国V-MAX高超声速滑翔导弹和LEA高超声速巡航导弹陆续计划开展试飞。5月，法国Ariane集团称计划首飞V-MAX高超声速滑翔导弹，将首先采用固体燃料助推器将导弹加速到马赫数15左右，然后释放滑翔体，滑翔体再以马赫数6的速度在60~80千米高度滑行。该导弹机动能力强，轨迹难以预测，将为法国提供一种纵深快速打击新能力。7月，法国航空航

天实验室（Onera）透露将在 LEA 高超声速实验项目下，对全尺寸高超声速巡航导弹样机进行首次试飞，旨在验证超燃冲压发动机性能，确定导弹基本方案。LEA 高超声速巡航导弹后续将配备核弹头，形成 ASN4G 高超声速核巡航导弹，作为"阵风"战斗机中程空地巡航导弹（ASMP – A）的后续产品。

四、日本

日本稳步推进高超声速巡航导弹（HCM）技术和高速滑翔弹（HVGP）技术开发。根据日本 2022 财年国防预算，2022 财年将投入 3432 万美元用于高超声速巡航导弹导引头的技术开发；另投入 1.27 亿美元用于高超声速助推滑翔导弹早期原型样机研制。

五、朝鲜

朝鲜成功试射"火星"–8 高超声速助推滑翔导弹，高超声速导弹技术取得突破性进展。该试验验证了导弹飞行控制性能和稳定性、滑翔体制导机动性能以及燃料系统和发动机稳定性，据称，试射结果满足设计要求。对加强朝鲜国防力量具有重大战略意义。

六、韩国

韩国首次公布 Hycore 陆基高超声速巡航导弹原型概念（图2），加入高超声速武器竞赛。Hycore 高超声速巡航导弹长 8.7 米、重 2.4 吨，采用两级助推火箭和双模态超燃冲压发动机，由韩国"北方天空守护者"-2C（Hyunmoo-2C）公路机动式垂直发射系统改进型发射，是韩国首个高超声速巡航导弹项目。Hycore 计划于 2022 年开展原型机试飞，2024 年完成预研，后续再发展相应的陆基高超声速巡航导弹系统，或与海基平台兼容，对韩国军事威慑能力形成重要补充。

图 2　韩国 Hycore 陆基高超声速巡航导弹模型

七、结束语

世界高超声速飞行器技术呈加速发展和扩散态势。美、俄、欧、日等国家和地区持续推动高超声速技术发展及武器化进程，意图尽快形成作战能力，抢占高超声速军事运用制高点。同时，高超声速技术扩散态势明显，2021 年，韩国和朝鲜相继掌握高超声速技术，虽处于初始阶段，但对外威慑效果不容小觑。按照当前趋势，高超声速技术发展将逐渐白热化，未来几年是世界各国高超声速技术发展的关键时期，将对世界军事格局产生重大影响。

(中国航天科工集团第三研究院三一〇所　王俊伟)

重要专题分析

2021年美国高超声速导弹工业能力建设态势分析

美国正处于高超声速技术武器化关键时期,面向当前原型系统开发和未来大规模部署需求,高超声速工业能力建设迫在眉睫。美国的目标是在未来几年内生产数百乃至数千枚高超声速导弹,实现大规模部署,但现阶段面临着高超声速导弹供应链不完善、工业设施不够用、制造技术不先进、材料基础不可靠等诸多瓶颈。2021年,美国通过完善供应链、兴建生产设施、创新制造模式、加强先进材料及材料工业基础研究等举措,推进美国高超声速导弹工业能力建设。

一、背景情况

美国高超声速导弹工业能力建设受大规模装备军事需求牵引,受现有生产体系以及供应链问题制约。

(一) 大规模装备的军事需求对开展高超声速导弹工业能力建设提供了强力牵引

近年来,随着中俄在高超声速技术上取得快速进展,美国深感高超声速技术武器化进程落后于中俄。2018年，美国实施大国竞争战略，将高超声速技术发展视为国防现代化11大优先事项之一，启动多个高超声速导弹武器项目，推进高超声速技术武器化进程。在此之前，美国高超声速导弹武器处于早期研发阶段，主要解决少量试验样弹制造问题，美国高超声速工业能力发展牵引力不强。2019年以来，美国多型高超声速导弹武器（如空军"空射快速响应武器"、陆军"远程高超声速武器"）开始进入密集飞行试验阶段，高超声速巡航导弹开始进行型号研制，同时各军种开始对其高超声速部署平台进行适配改装，谋求大规模部署。面向未来大规模部署列装需求，美国高超声速工业能力发展迫在眉睫，开始多举措实现高超声速武器量产能力，工业能力建设迎来蓬勃建设期。

（二）现有导弹生产体系难以实现高超声速导弹量产

高超声速导弹飞行速度快，弹体和发动机结构均面临着严峻的高热环境，传统材料难以满足需求，需采用大量新型结构和热防护材料、新型加工工艺，制备难度大、成品率低、加工周期长。现有导弹生产制造体系难以实现高超声速导弹快速批量生产，且生产成本高昂，难以满足大规模应用需求，亟需研究先进制造技术、创新制造方法。

（三）现有高超声速导弹供应链鲁棒性不强

高超声速导弹作为一项复杂的系统工程，建立可靠的高超声速导弹供应链，是实现大批量生产的基础。现阶段，美国高超声速导弹工作主要由洛克希德·马丁、雷声公司等传统导弹总承包商，以及航空喷气–洛克达因、诺斯罗普·格鲁曼等分系统承包商负责进行，供应链各环节鲁棒性有限，使得规模化量产这一目标实现面临一定风险。需吸引更多新工业力量，扩充高超声速导弹工业承包商范围，谋求高超声速导弹长远发展。

在上述背景下，美国国防部从2019年便开始着手评估美国高超声速工业基础能力，摸底工业产能、工业基础瓶颈、技术劳动力、材料、制造、研发支持、投资需求和样机设计需求。2020年3月，美国国防部成立"高超声速作战室"，在前期评估基础上，进一步识别高超声速工业生产供应链上的"关键节点"，重点评估美国当前高超声速武器的量产能力，推动建设"可大规模生产高超声速导弹"的工业基础。

二、建设动向

2021年，美国在供应链构建、生产设施建设、制造技术创新、先进高温材料及材料工业基础研究等维度采取行动，持续推进美国高超声速工业能力建设。

（一）扩充国防工业承包商范围，完善高超声速导弹供应链

美国高超声速导弹处于早期研发时，活跃的分系统承包商较为固定；随着武器化进程的开启，许多新力量开始在高超声速领域崭露头角。

新工业力量接力成为高超声速导弹关键部件生产主力军。以 Dynetics 公司为例，美国陆、海军"通用－高超声速滑翔体"（C－HGB）前期主要由桑迪亚国家实验室负责制造，2019年，美军通过竞争择优，选取 Dynetics 公司追随桑迪亚国家实验室学习 C－HGB 制造技术，实现技术过渡后独立生产。目前，Dynetics 公司已基本掌握 C－HGB 制造技术，具备独立生产能力，正致力于试验用 C－HGB 制造，为陆、海军2022财年和2023财年联合飞行试验做准备。同时瞄准2024年开始每年交付24架滑翔体的目标，探索低成本生产模式。在具体实现方法上，Dynetics 公司希望通过不断向设计方（美国海军）传达关于可能变更设计的信息，包括对耐受程度进行调整，使滑翔体大批量生产更贴近现实；同步开展批量生产技术方法研究，在有必要时对生产基线做出变更,降低滑翔体成本,提升高超声速武器产能。

其次,之前未涉足高超声速领域的一些国防工业力量开始进军高超声速市场,反映出在军方需求和投资力度牵引下,美国高超声速导弹国防工业基础逐步扩张,供应链更具鲁棒性。2021年,美军启动多个吸气式高超声速飞行器新项目,如,海军研究办公室(ONR)的"啸箭"(Screaming Arrow)舰载机搭载的高超声速巡航导弹项目,及空军研究实验室(AFRL)的"消耗性吸气式高超声速多任务演示验证飞行器"(Mayhem)项目。2021年11月,一向以无人机、电磁能著称的美国通用原子电磁系统公司(GA–EMS)表示正在向军方就上述两个项目提交建议书,加入高超声速武器竞赛。GA–EMS公司依托其收购的Miltec公司和Syntronics公司,具备一定高超声速武器研制经验、高速武器制导和控制系统生产能力,在竞争中具备优势。这表明更多的国防工业力量开始进行高超声速技术储备,意图搭上美国高超声速发展"快车",谋求长远发展。

(二)大力兴建生产设施,奠定高超声速导弹未来量产工业基础

2021年,美国各大高超声速武器承包商在兴建生产设施上取得诸多新进展。其中,负责陆、海、空军三型高超声速助推滑翔导弹系统集成的洛克希德·马丁公司陆续开设两大工厂,助力美军高超声速导弹武器生产。2021年8月,洛克希德·马丁公司在加利福尼亚州帕姆代尔开设了一个占地2万米^{2}的"臭鼬工厂"先进制造厂,以制造秘密原型和制造系统,将用于支持空军AGM–183A"空射快速响应武器"(ARRW)的初始样机建造工作,同时可能成为大规模生产以超声速燃烧冲压发动机驱动的高超声速巡航导弹的理想地点。2021年10月,洛克希德·马丁公司又在阿拉巴马州考特兰开设了一座占地6038米^{2}的导弹装配大楼4(MAB4),将集成数字化能力,重点支持ARRW后续制造工作,以及用于陆军"远程高超声速武器"和海军"常规快速打击"(CPS)等高超声速系统的生产。值得一提的是,Dynetics公司从2020年10月开始在阿拉巴马州亨茨维尔市兴建美国首座高超声速滑翔飞行器(HGV)工厂,计划在未来几年交付数百乃至数千枚HGV,洛克希德·马丁公司作为后续系统集成商,必将相应增加产能。

同时,美军高超声速巡航导弹超燃冲压发动机重要供应商——诺斯罗普·格鲁曼公司也开始兴建生产设施,为美国高超声速导弹发展提供重要支持。诺斯罗普·格鲁曼公司2021年7月开始在美国马里兰州埃尔克顿建造了一个占地面积约5574米^{2}的"高超声速卓越中心"(CoE),支持高超声速武器全周期生产,预计于2023年竣工。该设施将配备先进生产技术并采用成熟的数字工程实践经验,能够快速应对技术的不断发展及客户任务需求的变更,支持美国军队及其盟军应对新兴威胁。

(三)发展数字化先进制造方法,大幅提升高超声速武器生产效能

美国空军"高超声速攻击巡航导弹""空射快速响应武器"项目在2022财年预算申请中均明确提出,将采用数字化手段,加速武器装备研制部署进程。目前,美国各大高超声速武器主承包商在工业能力建设过程中正融入数字化技术,支持未来量产。

洛克希德·马丁公司新建的MAB 4智能工厂是其数字化转型的关键一步,将颠覆传统高超声速系统开发制造方式。MAB4使用了多项颠覆性技术,包括机器人技术、电子泡沫板、智能扭矩工具、人工智能、增强现实等,同时制造车间还能向"数字线程"(一种数据丰富的通信网络)反馈,做到生产设施间的数字化连接,对健康、状态和运营优化进行全维监测,实现以最高效率优化生产,大幅提高高超声速导弹制造效率,降低生产成本。此外,诺斯罗普·格鲁曼公司的高超声速卓越中心(CoE)也运用了数字工程，可实现无损检测的自动化处理，并部署自动驾驶装置来提高安全性和可靠性，优化高超声速导弹开发效率，降低生产成本。

3D打印技术将广泛运用于高超声速导弹制造，成为解决高超声速导弹制造瓶颈的重要手段。2021年10月，美国海军水面作战中心（NSWCDD）达尔格伦分部称将使用3D打印技术领导高超声速武器开发，并通过海军水面创新与技术联盟和海洋工程教育联盟与其他国防部机构、行业合作伙伴和学术专家建立多项合作关系，包括约翰斯·霍普金斯大学的极端材料研究所和迈阿密大学的3D打印中心。同样在10月，美国国防部通过"应用高超声速大学联盟"授出了18个由大学领导的为期3年、总价值2550万美元的高超声速项目，其中包括一个由弗吉尼亚大学领导的使用铌合金3D打印高温部件的项目，最终将应用于高超声速导弹超燃冲压发动机。

此外，美国与盟友合作紧密，致力将3D打印技术应用于高超声速导弹。美国波音公司正与澳大利亚Hypersonix发射系统公司合作，依托澳大利亚Amiga Engineering 3D打印公司，制造世界首创的3D打印固定几何超燃冲压发动机。Amiga Engineering公司采用"现成的高温合金"，依托增材制造的方法，将从根本上颠覆超燃冲压发动机的成本结构，实现超燃冲压发动机的快速低成本制造。波音公司作为美国空军"高超声速吸气式武器概念"项目方案设计商之一，以及美国海军"高超声速飞行2"舰载机高超声速巡航导弹项目主要承包商，与盟友先进制造技术的研究合作，将为美国高超声速巡航导弹低成本制造奠定基础。

（四）加强先进热防护材料及其工业能力研究，为高超声速导弹生产创造有利环境

高超声速系统在飞行过程中面临高热环境，对热防护系统要求高，制约着高超声速导弹发展，高温复合材料为这一难题提供了解决方案。但目前存在可用材料选择性有限、材料制备时间长、工艺繁琐等问题。加强先进热防护材料研究并实现工业投产成为美国关注的重点。

（1）美国陆军加大投资力度，推进高超声速武器关键热防护系统研究。2021年11月，美国陆军快速能力和关键技术办公室向Dynetics公司授予了一份价值4.78亿美元的成本加固定费用合同，用于开发高超声速热防护系统原型，支持材料研究以及先进的检查和验收标准，推进高超声速导弹先进热防护材料技术研究发展。

（2）美国国防部注重技术创新，加强高温复合材料工业基础建设。2021年，美国国防部与美国未来轻量制造业创新中心（LIFT）合作，以高超声速发展挑战赛形式，推动工业界高超声速飞行器材料与制造领域发展，针对材料工程一体化建模与仿真（ICME）工具、先进制造方法、高超机体与舵面前缘等位置高温复合材料及其原料的新生产方法等问题征集提案。同时依托美国防御、制造、空间和技术办公室，持续推进高超声速应用碳/碳复合材料制造计划（MOC3HA），旨在研究与碳/碳有关的工业基础，为高超声速导弹武器热防护系统制造创建有利于大批量、高质量的生产环境。

三、认识与分析

（一）完善供应链是美国高超声速工业能力建设现阶段特征之一

美国高超声速导弹工业能力建设仍处于初始阶段，但加速发展态势明显。现阶段，支撑美国高超声速导弹大规模生产的工业生态系统尚未成型，距离量产目标的实现尚有差距。融入更多国防工业力量，加强供应链鲁棒性，是构建完整高超声速导弹供应链的第一步，也是未来一段时期的建设重点。随着美国高超声速工业能力建设工作向前推进，面向远期，美军将进一步追求供应链的垂直整合，综合提升高超声速导弹生产效能，降低生产成本，真正实现低成本批量生产。正如美国国防部研究与工程副部长办公室现代化局负责高超声速的助理局长麦克·怀特表示，"美国当前生产高超声速导弹可能首先要在佛罗里达州进行部分制造工作，然后运到阿拉巴马州进行加工，再送到南卡罗来纳州……所有这些工作并没有垂直整合，不利于高超声速武器的实际量产。美国有必要探索如何进行垂直整合，使高超声速技术从实验室环境顺利过渡到大规模生产的环境"。

（二）美国将实现数字化高超声速工业能力视为重点建设目标

数字化能力将在美军高超声速导弹武器的"设计－研发－制造"全周期发挥重要作用，支持高超声速武器系统的快速规划、敏捷设计、高效制造与精准保障，使美军更快向作战部队交付先进高超声速能力，并更具经济可承受性和持续保障性。尤其是在高超声速武器制造阶段，可有效融合数字制造、3D打印等前沿技术与方法，极大提升生产能力与效率。目前，美国包括诺斯罗普·格鲁曼、洛克希德·马丁公司等各大高超声速武器主承包商正在推进数字化工业能力建设，美国空军研究实验室（AFRL）也提议成立工业界联盟，支持数字工程和制造工作。实现高超声速导弹数字化智能制造，已成为美国高超声速工业能力建设重要目标。

（三）3D打印技术将是美国数字化高超声速工业能力的重要体现

3D打印技术综合了数模技术、材料科学、化学等领域的前沿技术，高超声速飞行器是3D打印技术最重要的突破方向之一，在高超声速技术相关领域的应用日渐增多，已经成为解决高超声速飞行器制造瓶颈的关键所在。在传统制造技术无法满足要求时，3D打印技术以其能够快速制备具有高材料性能、异形结构、整体特性的零部件特点，在高超声速飞行器相关领域得到了愈发广泛的应用，甚至成为解决一些高超声速飞行器特殊零部件瓶颈的唯一选择。面向未来大规模生产，3D 打印技术将在战斗部等高超声速分系统层级产品中、燃烧室等高超声速零部件层级产品中，以及先进复合材料等高超声速材料层级产品中广泛运用，在快速批量生产方面将体现出无可替代的优势，为高超声速导弹等高新产业提供关键支撑。

四、结束语

近年来，美国认为自身在高超声速武器进展方面处于相对被动局面，2021 年 2 月，美国国防部制定高超声速现代化战略，计划在 21 世纪 20 年代初期向作战人员交付高超声速打击能力，印太地区可能成为首要部署对象。受印太地区未来高超声速武库规模需求牵引，美国将投入更多精力提升高超声速武器量产能力。2021 年系列举措反映了美国高超声速工业能力建设重点方向及相应态势，未来几年可能持续加大力度，将对美高超声速作战能力生成产生重要影响。

（中国航天科工集团第三研究院三一〇所　王俊伟）

美国"太平洋威慑计划"谋求构建第一岛链精确打击网

2021年12月,美国会通过《2022年财年国防授权法案》,其中特别值得关注的是"太平洋威慑计划"大幅增加预算,重点构建生存力强的精确打击网络,即沿国际日期变更线以西至第一岛链,部署能在500千米之外实施精确打击的火力,提升对中国的"常规威慑"。

一、背景

2020年3月,美印太司令部向国会提交《重新获得优势》报告,首次提出未来六年在印太地区实施"太平洋威慑倡议",建议国会设立专项资金,确保美国在印太地区拥有足够的战略资源和军事能力,以应对"中国军事威胁",倡议提出200亿美元总投资需求。2020年6月,美国会通过《2021年财年国防授权法案》,以单列条款提出设立"太平洋威慑倡议"基金。随后,美国国防部将"太平洋威慑倡议"进一步落实为更加具体的"太平洋威慑计划",在2021财年预算中为该"太平洋威慑计划"申请50.8亿美元预算。2022 年 12 月通过《2022 年财年国防授权法案》，将"太平洋威慑计划"预算增至 71 亿美元，其投资重点是构建第一岛链沿线精确打击网络。

二、主要内容

为落实美新版《国防战略》将印太地区作为重点部署区域，提高美军在印太地区威慑力，美国印太司令部于 2021 年发布"太平洋威慑倡议"，提出构建沿第一岛链生存力极强的精确打击网。

（1）强化第一岛链精确打击体系建设，发展陆基远程火力。"太平洋威慑倡议"提出在国际日期变更线以西至第一岛链区域，部署一支具备精确打击网络的联合部队，提议 2022—2027 财年投入 33 亿美元在西太平洋地区部署射程超过 500 千米的陆基远程火力，构建沿第一岛链"具有高度生存能力的精确打击网"；在第二岛链部署一体化防空反导系统，以及能够保持稳定并在需要时进行分配和长时间作战的分布式兵力态势。

（2）提升强对抗环境下进攻性武器生存能力，发展防区外打击能力。美国国防部在 2021 财年为"太平洋威慑计划"申请预算 51 亿美元，支持发展印太地区联合部队致命性防御能力，特别是在拒止环境下提供高生存打击和防区外能力；同时也为"标准"导弹、"中程常规快速打击""南十字星综合飞行研究实验"和"高超声速攻击巡航导弹"等项目提供资金。

三、第一岛链精确打击网构成分析

美军在第一岛链区域，通过前沿部署，利用"防区内"部队作战力量，实施近中程对陆打击、反舰等作战任务，以及防御对手低空与巡航导弹攻击，迅速压制、遏止对手的行动，拒止对手在第一岛链内（防区内）持续的制空权和制海权，并为后续防区外打击提供时间，削弱对手"反介入/区域拒止"能力，削弱、延迟、阻断对手力量投送。

（1）美军加紧建设应对"反介入/区域拒止"的海空基向陆基拓展的精确打击体系。美军现役精确打击体系，包括联合防区外空地导弹系列、远程反舰导弹、"战术战斧"导弹等，主要依靠海空基平台投送，实现全射程衔接；通过不断优化精确打击武器性能，提升打击纵深，注重提升中远程反舰能力，具备命中精度高、敏捷与实时，以及多类目标打击能力。其中，对陆打击射程可至1600千米，对海打击射程超过900千米。当前，美国正在发展500~4000千米多型陆基中程导弹，包括"标准"-6导弹改型为陆基发射导弹、海基"战斧"改型为陆基"战斧"V巡航导弹、500千米以上的精确打击导弹、陆基远程反舰导弹等，未来将形成多域立体化精确打击体系。陆基中程导弹可采用公路机动实施隐蔽打击，不仅可用于传统中低当量的核打击，还可实施较大威力的常规打击，可有效遏制"以陆制海"的非对称优势。

（2）采取前沿分散部署模式，构建小规模机动防区内部队，强化第一岛链分布式、弹性的前沿部队态势。美军推进印太地区联合部队的结构设计和兵力态势，将过去大规模、中心式、未加固的军事设施转变为小规模、分布式、高弹性、自适应的基地。欲在第一岛链地区的岛屿上部署陆基导弹、防空反导、电子战等武器，实施对地（海）打击、陆基反舰等作战任务；在第一岛链地区的前沿海域部署小规模、强机动、致命性、低信号、易保障的有人/无人编队作为防区内部队，活跃在对抗区域，实施海上拒止作战，限制对手行动自由，为美国海军和联合部队及时进入打开豁口；在第一岛链外海域部署搭载防区外部队的大型舰船及远程机动海空打击武器，实施中远程突防打击。

四、几点认识

在大国对抗战略思想指导下,美军近中远程精确打击体系正在发生重大结构性调整。届时,其不断优化的精确打击装备体系结构,正在发展的高超声速、定向能、自主式与协同式等颠覆性打击能力,将构成强大的精确打击网络,同时采取前沿抵近部署、组合式的打击模式和灵活的兵力运用等措施,将对我构成重大威胁。

(1) 加紧构建多域立体毁伤、亚超结合近中远程精确打击体系。近年,为打赢未来高端战争,美致力于非对称精确打击优势制胜模式,发展"高命中精度、强对抗、多类目标打击"的近中远程精确打击体系。当前,美军正加速研发射程 500 千米以上,甚至 3000~4000 千米的陆基中程导弹。

(2) 构建灵活机动的海上防区内与防区外部队。在人工智能和网络技术赋能下,以及在马赛克战、分布式海上作战概念推动下,密集开展军事演习和战术模拟等活动,稳步推进远征前进基地作战转型和防区内与防区外部队运用研究。

(3) 探索新型作战样式和部署方式。除了采用传统大型非隐身平台(如轰炸机、战斗机和舰艇)实施防区外打击外,近年美军及军事智库等机构开展了大量中远程精确打击样式研究,提出了利用远程导弹(如高超声速导弹、弹道导弹)实施高速突防打击、运用高隐身强突防作战平台(如 B-21 轰炸机)突入防区内实施打击以及海上分布式齐射打击等新型作战方式。

(中国航天科工集团第三研究院三一〇所　苑桂萍)

从 2022 财年预算看美军联合全域指挥与控制概念发展

美军自提出联合全域指挥与控制（JADC2）概念以来，不断加大投资力度。美国在 2022 财年 7150 亿美元国防预算申请中，将 10 亿以上美元用于发展 JADC2 概念，发展项目包括自组织杀伤链、异构电子系统技术集成工具链、快速战术执行空域全面感知等。

一、国防部部长办公室牵头推进全网指挥与控制开发

（一）全网指挥、控制与通信通用指挥与控制项目

该项目为指挥官提供将任何领域传感器与任何射手连接的动态接口。重点研究机器对机器指挥与控制数据层国防部标准，以提高全网指挥、控制与通信系统的互操作性和灵活性，应对不断变化的威胁。2020 财年，国防部部长办公室与联合参谋部、作战司令部、各军种共同完成了基线标准语言的开发；2021 财年，投资 3500 万美元，将完善和优化通用指挥与控制标准语言，计划年底在反无人机系统上进行应用演示。

（二）任务工程项目

按照《2017 财年国防授权法案》要求，任务工程项目支持联合作战概念开发和作战能力现代化。2021 财年预算为 440 万美元，2022 财年申请预算 1309.6 万美元，主要为 JADC2 和全网指挥、控制与通信架构开发提供支撑。

（三）自组织杀伤链项目

主要开发利用人工智能/机器学习的自主决策辅助工具。2020 财年预算为 211.9 万美元，计划 2021 年完成建模和仿真演示，并评估 JADC2 在美国陆军多域作战场景中的有效运用后交付。

二、联合参谋部开展需求论证与评估、集成

联合参谋部负责联合指挥、控制、通信、计算机和网络能力开发、集成与互操作性评估项目，为国防部部长提供决策建议，以验证作战需求和资助互操作性能力，重点发展无线设备与安全、战役和战术指挥与控制、网络、卫星通信、高级安全数字数据链以及盟军/联盟数据交换等新兴能力。2020 财年与 2021 财年预算分别为 2006.2 万美元与 1919 万美元，2022 财年预算申请 1743.9 万美元。

2021—2022 财年将评估 JADC2 为一体化广域实验网提供联合枢纽的互操作性，支持未来指挥与控制作战概念发展相关的兵棋、演习和实验活动。同时，开发联合指挥、控制、通信、计算机架构，建立通用指挥与控制数据和服务标准，使作战人员能够访问权威数据源，并提高数据互操作性等能力。

三、国防部业务局解决网络、通信、通用战场态势、辅助决策等关键问题

（一）美国国防信息系统局的全域指挥控制软件和数字技术试点项目

2021 年，根据《2018 财年国防授权法案》，美国国防信息系统局启动该项目，以简化软件开发和采购。2022 年，该项目将继续开发、实验和部署额外的联合全球指挥与控制系统网络客户端功能；支持 JADC2 活动和现代化实验，提高互操作性、态势感知和杀伤力，使任何射手与传感器能够通过任一指挥与控制节点近实时连接。2021 财年预算为 7575 万美元，2022 财年预算申请 3277.4 万美元。

（二）美国国防信息系统局的"国家任务倡议"人工智能项目

该项目为国防信息系统局与国防部联合人工智能中心合作开展，进一步推进关键的人工智能架构和原型设计，加快技术从实验室向作战应用过渡。该项目 2020 年启动，2020 财年与 2021 财年预算分别为 1.84 亿美元与 1.37 亿美元。2021 年，将改进联合全域指挥与控制、自主应用系统、传感器和目标指示解决方案，加速人工智能在任务指挥中的应用；继续使用开放 API 工具（开放式应用程序编程接口）发展 JADC2 应用平台，实现统一的专用信息集的融合与管理自动化。由于 2022 财年该项目转入"全球指挥与控制系统软件和数字技术试点"新设项目，预算申请削减为 1003.3 万美元。

（三）美国太空发展局"国防太空体系架构"项目

为支持联合作战概念创新发展，美国太空发展局提出该项目旨在构建"扩散型地球低轨道"的太空架构，实现弹性态势感知和数据传输，以满足

低延迟战术通信、超视距瞄准和先进导弹跟踪等下一代太空能力需求。2022年，美国太空发展局将从美国国防部国防研究与工程副部长办公室转隶美国太空军，整合原有"传输层架构与标准""扩散型地球低轨道导弹预警地面集成""太空态势感知"等项目，启动"传输、传感、集成与作战管理"项目，为JADC2提供天基数据传输主干网。2020财年与2021财年预算分别为7521.6万美元与1.95亿美元，2022财年预算申请6.36亿美元。

（四）美国国防高级研究计划局一系列JADC2技术使能项目

一是"体系集成技术试验"项目"异构电子系统技术集成工具链"子项目，开发快速软件集成工具，可自动生成代码，实现异构系统通信或集成。美国空军和陆军在2021财年将进行实时飞行试验，创建和部署训练软件；同时，美国空军将把异构电子系统技术集成工具链转移到美国海军。尽管2022财年，美国国防高级研究计划局没有为"异构电子系统技术集成工具链"项目申请预算，但该项目将在美国空军电子战综合重编程项目中继续发展。二是"自适应跨域杀伤网"项目，开发适用于任务指挥官的新型决策辅助工具。2020财年与2021财年预算分别为1500万美元和1440万美元，由于软件从开发阶段转入集成、部署与试验阶段，2022财年预算申请削减至1170万美元。三是"快速战术执行空域全面感知"项目，将兼容各军种现有和未来指挥与控制系统，并将最新的空域信息自动推送给本地指挥与控制系统上的所有联合部队。2021财年预算1569.3万美元，2022财年预算申请2461.6万美元。计划2022年进行虚拟和现实试验，评估在联合演习中的作战使用。

此外，国防高级研究计划局曾于2020年4月发布联合全域作战软件项目公告，旨在为联合部队指挥官开发战区级联合全域作战软件套件，以编配作战资源，最大限度提高杀伤网的效用与弹性，但是2022财年预算中没有编列该项目。

四、各军种在现有基础上独立发展 JADC2 能力

（一）美国空军重点发展先进作战管理系统，积极推进其他项目

2020 年，美国空军快速能力办公室成为"先进作战管理系统"（ABMS）综合项目执行办公室，通过集中采购和强大的数字基础设施投资，获得持久的 ABMS 能力。ABMS 不是一个平台或传感器，而是连接当前和未来各种作战平台与武器系统的基本数据网络，将连接美国太空部队和空军的传感器、作战平台和武器系统。2021 财年 ABMS 项目预算批复 1.28 亿美元，2022 财年预算申请 2.04 亿美元，如表 1 所列。

表 1 2020—2022 财年美国空军先进作战管理系统项目预算

单位：万美元

项目	2020 财年	2021 财年	2022 财年
空军快速能力办公室——数字基础设施	—	4392.2	5720.3
空军快速能力办公室——能力释放	—	6840.6	1466.46
数字架构、标准和概念开发	750.6	1537.4	—
传感器集成	880.8	—	—
多域指挥数据管理	967.6	—	—
多域安全处理	1792.1	—	—
多域应用	2524.6	—	—
效果集成	4845.5	—	—
架构实验与评估	2059.1	3079	—
合计	11861.2	12770.2	20384.9

除了先进作战管理系统，美国空军还大力推进"核指挥、控制与通信系统"与 JADC2 和先进作战管理系统的集成，KC－46 与先进作战管理系统的集成，以及网络中心协同瞄准（NCCT）与机载侦察系统（ARS）等项目。

（二）美国海军"超越"计划发展军种间互操作性和数据共享

2021 年，美国海军启动"超越"计划，旨在创建海军作战架构，将舰艇与美国陆军和空军装备连接。美国海军将采取类似于"宙斯盾"和核动力航空母舰的工程研制方法，发展网络、基础设施、数据架构工具等，将无人舰艇和无人机纳入海军作战架构。2022 财年美国海军为"超越"计划相关项目共申请预算约 4767.6 万美元，包括数字战争、情报任务数据等多个项目。

数字战争秘密项目，主要包括开发通用武器数据链、人工智能发展运行等，分两个阶段实施，计划 2021 年启动产品基本型可行性开发、集成与试验；2022 年完成增量 2 的开发与集成。2020 财年与 2021 财年预算分别为 3555.1 万美元与 3548 万美元，2022 财年预算申请 4676.9 万美元。

情报任务数据项目为 2022 年新设项目，2022 财年预算申请 90.7 万美元。该项目将集成美国海军所有情报数据，并对岸上与海上平台和系统的威胁数据进行分析，同时考虑与美国太空军、空军和陆军进行互操作整合，为"宙斯盾"、潜艇作战系统、各种有人/无人空中平台、战斗管理辅助工具/战术决策辅助工具等提供数据支持，推进杀伤链发展。计划 2022 年 1 季度对增量 1 基本型产品进行可行性试验。

（三）美国陆军开启"融合计划"，探索联盟及联合全域指挥与控制概念

"融合计划"是美国陆军围绕一系列连续的、结构化的演示和实验而开

展的新的人工智能和机器学习活动，支持陆军六大现代化优先事项。2022财年美国陆军为"融合计划"申请预算约4371万美元，将启动全域融合应用研究项目和全域融合先进技术项目，评估技术在作战环境中的可行性，从战术到战略层面近实时提供从传感器到射手的技术整合，利用人工智能和机器学习实现全域最优杀伤和非杀伤效果，战术上超越对手。

全域融合应用研究项目主要发展分布式网络人工智能赋能决策支持、人工智能赋能决策数据合成、人工智能赋能决策数据描述、杀伤力架构、算法与环境、火力协调等技术。该项目2022财年预算申请2596.7万美元，计划收集、整理和分发机器学习训练数据，如从传感器到射手的实验性战术交战数据，为复杂的多域战术网络中的人工智能辅助决策工具开发战术交战模型和训练数据集，研究将合成数据纳入目标分类算法训练集，以及开发杀伤力架构支持协同火力，消除各种传感器和武器系统在联合演习中的冲突，调查多连编队战术火力的仿真需求，研究预测对手行为的算法等。

全域融合先进技术项目主要发展协同战场网络化杀伤力系统（CBNLS）先进技术、协同融合先进技术、融合战场集成等。其中，CBNLS先进技术项目发展CBNLS分布式杀伤力架构、CBNLS传感器到射手集成系统、CBNLS火力同步三个子项目，将提供辅助决策架构，使当前和未来传感器与武器系统相结合，为新型远程弹药消除空域冲突。协同融合先进技术项目发展防空反导联合杀伤链决策支持建模仿真子项目。融合战场集成项目发展融合地面平台系统集成、融合航空平台集成子项目。全域融合先进技术项目2022财年预算申请1774.3万美元，将开发火力和空域协调系统，以支持网络化杀伤力架构中基于人工智能的辅助决策工具，提供人工智能增强的数字协同瞄准能力、空域及火力规划等，以缩短传感器到射手的时间；使用先进的人工智能算法预测目标位置，基于可用远程火力协调最佳空域；

将软件集成到作战平台上，使机载传感器和武器系统能够根据辅助决策工具执行发射任务；在联合杀伤链防空反导场景中采用高保真模型进行演示等。

（四）美国太空军发展太空态势感知能力，支持联合全域指挥与控制

美国太空军发展"商业通信卫星集成"与"统一数据库"项目支持JADC2。"商业通信卫星集成"项目2021财年预算4321.2万美元，2022财年预算申请2340万美元。2021年，由美国空军转入太空军，进入工程和制造阶段，以支持ABMS和JADC2演示。"统一数据库"项目2022年启动，以创建综合战场态势图。太空军2022财年为该项目申请预算1705.9万美元，计划购买商业数据，支持并扩大统一数据库基础设施。

五、结束语

近年，为支持JADC2，美军运用5G、人工智能、异构电子系统集成、决策辅助等关键技术，全力解决通用指挥与控制标准、骨干通信网络等关键问题。2021年，美军还通过高强度军事演习以及基本型产品原型开发等手段，加速联合全域作战概念能力生成。

（中国航天科工集团第三研究院三一〇所　庞娟）

美国政府问责局评估高超声速武器发展现状

2021年3月，美国政府问责局（GAO）发布《高超声速武器——国防部应该明确角色和责任，确保研发活动协调一致》报告，通过在美国国防部、能源部以及NASA内部进行广泛调研，对美国高超声速武器领域发展情况进行了详细的数据统计和全面评估。

一、主要内容

（一）美国高超声速导弹武器领域整体处于技术开发和样机研制阶段

美国政府问责局将武器系统研发周期划分为四个阶段：技术开发、样机研制、武器生产和作战保障。美国政府问责局统计，美国当前共计开展了70个高超声速导弹武器及技术相关项目。其中，超过60%项目是在2017财年以后启动，与美国施行大国竞争战略背景相吻合。

从项目属性来看，美国高超声速导弹武器领域整体处在技术开发和样机研制阶段，由美国国防部研究与工程副部长办公室负责统筹推进，其中65个项目属于技术开发，5个项目属于样机研制。根据技术成熟度，65个技术开发项目继续细分为 29 个基础与应用研究类项目和 36 个先期开发类项目。基础与应用研究类项目重点在空气动力学、材料、推进、化学、仿真等领域开展研究，先期开发类项目重点在动力、制导、控制、材料、通信等领域开展研究。项目应用类项目中，在研项目中至少有 12 个与高超声速防御相关，但均处于早期的概念开发阶段。同时，美国政府问责局在报告中特别提到，美国国防部正在进行压缩和闭合高超声速杀伤链研究，这对于将高超声速武器整合到现有系统和能力至关重要。

（二）美国高超声速武器领域预计 10 年投入 150 亿美元

美国政府问责局估算预计美国在 2015—2024 财年，将对高超声速领域投入近 150 亿美元。其中，样机研制阶段项目总经费高达 90 亿美元，占 60%。从经费支出机构来看，美国国防部（包括国防部直属机构及各军兵种）经费总额高达 145.3 亿美元，占比达 98%，彰显了美国国防部在美高超声速领域的科研主导地位。在美国国防部内部，海军以 10 年 62 亿美元拔得头筹，之后依次是空军、国防部部长办公厅、陆军、DARPA、导弹防御局。

值得指出的是，美国政府问责局这项估算研究是在 2021 年 1 月前完成的，未考虑 2021 财年国防预算批准和 2022 财年国防预算申请情况，也不包括任何与高超声速武器生产相关的投入、作战试验鉴定和现代化相关经费，也未纳入美能源部的经费预算（大约每财年投入 800 万美元）。另外，评估报告特别提到，美国国防部试验资源管理中心（TRMC）在 2015—2024 财年预计共投入 10 亿美元，专门用于高超声速试验设施现代化。

（三）美国国防部需要更加正式地明确权责划分，确保高超声速武器研发活动协调一致

美国政府问责局的调研结果显示，目前美国至少有 78 个组织机构进行高超声速武器相关研发，其中国防部内有 70 个，能源部内有 3 个，NASA 有 5 个。美国国防部与能源部、NASA 在高超声速武器技术合作开发和试验方面具有良好的合作传统，并且就承担角色和责任已达成明确协议。在此背景下，美国国防部建立了 5 项核心的管理协调组织和机制，如表 1 所列。

表 1　美国高超声速领域管理协调组织和机制

组织/职位	管理职责描述
高超声速助理局长	2018 年 10 月创建，2019 年牵头成立了一个高超声速工作小组（包括来自作战司令部、DARPA、MDA 及各军兵种的科学家、工程师、计划人员和作战人员），负责开发基于能力的高超声速科学技术战略
联合高超声速转化办公室	2020 年 4 月成立，与高超声速助理局长共同承担高超声速武器研发协调责任
试验资源管理中心	管理协调高超声速试验资源，建立了一个在研发需求与地面和飞行试验资源之间协调的"裁决程序"
兴趣社区	一种鼓励跨机构协作的机制，负责协调关键技术投资，以及向国防部高层提供决策建议
高超声速作战室	2020 年 2 月成立，统筹高超声速工业基础建设

但面对技术不成熟、科研计划进度紧张、成本难以预估、工业基础准备不足、人力资源匮乏、风洞设施短缺与老旧、飞行试验保障不足等诸多问题，美国政府问责局认为，美国国防部迫切需要发布正式的官方文件，明确定义高超声速武器研发采办领导职位和机构的角色、职责和权限，提高国防部工作的透明度和管理效率，确保在领导层变迁情况下研发规划的连续性，从而保证研发项目顺利进行，尽快实现高超声速武器系统部署。

二、几点认识

在近年美国对国防科技领域信息披露高度敏感背景下，这份由官方机构发布、有详细统计数据和官方信息支撑的报告，对研究和评估美国高超声速发展走向具有重大参考意义。

（一）该报告反映了美国突破高超声速技术发展势头强劲

从经费投入上，该报告预计美国 10 年投入 150 亿美元预算发展高超声速武器装备，印证了美国国防部 2019 年宣布未来 5 年投入 112 亿美元，未来 4 年开展 40 次飞行试验的决定；在发展项目上，报告统计出美国共启动 70 个高超声速项目，并详尽分析了各类项目当前发展；在组织机构上，报告统计了美国政府当前具有多达 78 个组织机构进行高超声速武器相关研发。这几组数据，反映了当前美国高超声速武器研发布局的范围之广、程度之深，及其加速高超声速作战能力生成的决心。

（二）该报告的建议或将加速美国国防部高超声速武器能力生成

该报告认为当前研究机构众多，各机构角色、职责和权限尚未明确，建议美国国防部应厘清角色和责任，确保高超声速武器协调发展。实际上，美军研究高超声速技术长达半个多世纪，其技术储备和研发资源极其丰富，但如果仍然是研究机构众多、投资分散，研发重点不突出，还将可能导致冲突和资源浪费。该报告的建议旨在呼吁凝聚各方研究力量，由美国国防部统筹，将美国高超声速长期研究优势尽快转变为现实能力优势，以促进美高超声速武器实战部署。

三、结束语

考虑美军高超声速武器处在喷薄欲出的研发冲刺期,相关项目和能力进展进度受技术风险、各军兵种资源博弈、高层变动等诸多因素影响,预计未来进入采办阶段后,美国高超声速武器技术项目和经费布局还将会继续发生较大变动。

(中国航天科工集团第三研究院三一〇所　张灿)

美国推进高超声速飞机发展

自 2001 年美国发布"国家航空航天倡议",高超声速飞机(图 1)才正式被纳入美国高超声速技术的整体发展规划中。历经 20 年的发展,美国对高超声速飞机有了较为清晰的认识,形成分阶段渐进式发展路线,并逐步实施了从分系统到飞机的验证项目。2021 年美国官方接连现身高超声速

图 1　高超声速飞机构想图

飞机研发领域，NASA启动两项高超声速飞机技术项目，开展高速飞机设计和推进系统研究；美国空军联合私营投资公司赫米尔斯（Hermeus）开展"夸特马"高超声速飞机验证机的研制试飞工作。美国不断发力，将高超声速飞机的研究热度推上新的高度。

一、近期动向

（一）美国空军授予"夸特马"高超声速验证机研发合同

2021年7月30日，美国空军授予赫米尔斯公司一份总额6000万美元、为期3年的研发合同，要求完成一型TBCC的飞行验证和3架"夸特马"高超声速飞机验证机的研制试飞等工作。这是美国空军近十年以来首个高超声速飞机验证机研制项目，也是美国工业部门正式获得军方投资开展的高超声速飞机验证机研制项目。

"夸特马"验证机采用了大后掠三角翼无平尾加单垂尾布局，无人驾驶，机体长细比明显较大，前机身与进气道高度融合，如图2所示。该验证机采用单台串联式涡轮基组合循环（TBCC）发动机，进气道采用三维内旋方案；TBCC的涡轮部分采用GE公司的J-85-21加力式涡喷发动机，在进气道出口和涡轮压气机入口之间加装有预冷装置；亚燃冲压发动机与涡轮加力燃烧室共形，低速时为加力模态，高速时为亚燃模态。赫米尔斯在官方视频透露，"夸特马"验证机的飞行速度可上探到马赫数5。

（二）NASA启动高超声速飞机技术研究项目

2021年2月，NASA向通用电气公司和Aerion超声速公司授出两个高超声速飞机技术研究合同，以开展高速飞机设计和推进系统研究。

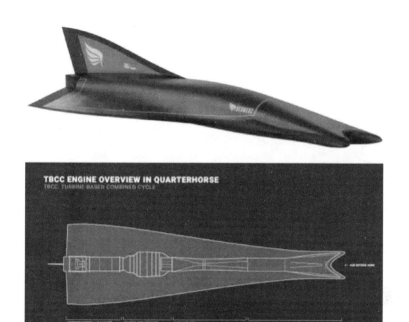

图 2　赫米尔斯官网发布的"夸特马"验证机及其 TBCC 发动机概念图

通用电气公司获得研发合同总金额不超过 1300 万美元，为期 5 年，为"苍穹"（Aether）高超声速飞机研发 TBCC 发动机和耐高温陶瓷基复合材料。根据合同要求，通用电气公司需要研究并分析 F101 涡扇发动机（图 3）能否适用于"苍穹"高超声速飞机。NASA 认为，F101 可将"苍穹"高超声速飞机加速至冲压发动机接力的速度。F101 相对较高的涵道比可使大多数流动在被节流时绕过核心机，避免核心机的压气机和涡轮的工作温度超过极限。此外，材料研究将主要涉及由碳化硅/碳化硅（SiC/SiC）和碳/碳化硅（C/SiC）制成的耐高温、轻质陶瓷基复合材料。其中 C/SiC 材料主要用于高超声速飞机结构，如舵面、前缘、机头和飞机外壳等，SiC/SiC 材料则计划用于高速涡轮发动机。

图 3 F101 涡扇发动机

Aerion 公司的研究工作将主要聚焦于马赫数 3～5 的亚高超声速飞机的推进和热管理技术。通过与 NASA 的合作研发，将评估推进系统和热管理技术的参数适用性。通过一项联合评估，还将探索马赫数 3+ 速度域的相关问题及其关键技术方案。

二、分析研判

（一）官方接连注资研究，高超声速飞机发展势头渐强

除了 21 世纪初美国国防高级研究计划局（DARPA）实施的"黑雨燕"高超声速飞机项目，以往美国官方层面开展的研究多聚焦于高超声速飞机动力技术。例如，面向 TBCC 所需高速涡轮，DARPA 开展的高速涡轮发动机验证（HiSTED）项目、空军研究实验室的远程超声速涡轮发动机（STELR）项目；面向 TBCC 所需冲压发动机，空军研究实验室开展的中等尺寸超燃冲压发动机关键部件（MSCC）和中等尺寸超燃冲压发动机验证

(MSSD)项目;面向TBCC组合技术,DARPA开展的"猎鹰"组合循环发动机技术(FaCET)、模态转换(MoTr)、先进全速域发动机(AFRE)项目等。而美国高超声速飞机概念的提出与研究多是企业机构的行为。例如,波音公司提出的军用和民用高超声速飞机概念,以及洛克希德·马丁公司提出的SR-72。尽管SR-72得到了NASA等政府机构的部分资金,但整体来看还是企业的主导行为。

从2021年NASA和美国空军新授出的高超声速飞机研究项目可以看出,自"黑雨燕"项目之后,官方再次直接主导高超声速飞机项目,表明美国对高超声速飞机的发展态度坚定,并不断发力,高超声速飞机发展势头渐强。

(二)技术途径再次被印证,基于现货TBCC技术发展高超声速飞机仍是近期发展策略

过去20年,美国对高超声速飞机技术途径进行了多种尝试与探索。从2003—2008年HTV-3X"黑雨燕"时期,准备基于高速涡轮(速度上限为马赫数3.5)一步到位发展TBCC发动机,实现马赫数6的飞行;遇瓶颈受挫后,2009—2010年,调整思路,寻求替代动力(如2009年波音公司提出采用"助推火箭+超燃冲压发动机"的空射型MANTA-1);到2010年,美国空军提出基于现货涡轮发动机、通过"架桥"的方案来发展TBCC推进系统的可水平起降的高速可重复使用研究飞行器,并将该方案正式纳入空军研究实验室在2012年制定的高速ISR飞机路线图。此后,美国逐渐将发展重点转为基于现货涡轮的TBCC技术方案,并尝试通过射流预冷(DARPA的"先进全速域发动机"(AFRE)的项目中,利用射流预冷技术扩展涡轮发动机工作包线)、闭式循环预冷(波音高超声速飞机概念中则借助"佩刀"预冷技术为涡轮冲压注入新生力)、超导电(Hyscram发动机引入了超导电、MHD)等手段改善现货涡轮的工作环境,提高其工作速度上限。

无论是 NASA 的"苍穹"高超声速飞机，还是空军的"夸特马"验证机，都以通用电气公司的现货涡轮发动机为基础发展所需的 TBCC，且"夸特马"验证机项目中明确指出通过射流预冷方式将涡轮发动机工作包线扩展到马赫数 3.3。这些事实，再次印证美国当前基于现货 TBCC 发展高超声速飞机的策略未变。

（三）布局发展各关键技术，逐步开展技术集成验证

美国空军在高超声速导弹发展方向上已经形成了较为完善的布局，在吸气式巡航和助推滑翔等两条技术线路上同时布局了技术验证（如 TBG、HAWC）、型号研制（如"高超声速攻击巡航导弹"（HACM）、AGM-183A）和共性技术研究等项目。而高超声速飞机作为下一阶段的发展重心，美国正开始相关技术的布局发展。

美国空军目前已系统布局了气动、动力、结构/材料与热防护、能源、热管理、航电等单项技术攻关，并依托 X-60A 飞行试验平台来加速单项技术成熟。2020 年 7 月，美国会提出，鼓励空军开展可重复使用高超声速推进技术，并要求国防部汇报高超声速飞机作战能力特点、采办策略和发展路线图。美国空军 2021 年授予赫米尔斯公司的合同目标中包含了 TBCC 推进系统的飞行试验、验证机的设计与集成、（任务）载荷的集成、战略（推演仿真）的分析工具、作战能力的理解和认识等要素。

NASA 作为美国政府的一个行政性科研机构，主要负责美国国防基础研究。在其高超声速项目框架下，NASA 前期开展了缩尺进气道模态转换（IMX）、大尺寸进气道模态转换（LIMX）以及高速涡轮涡扇等研究。此次授出的研究任务不再局限于 TBCC 分系统，而是扩展推进系统、材料与热管理以及飞机设计。另外，2021 年 3 月，NASA 还与赫米尔斯公司签订协议，联合开展高马赫数商用飞机概念方案设计与分析工作，包括飞机运行概念分析、推进系统/热管理/能源生成/客舱系统等性能分析。

（四）将成为新质情监侦与打击一体平台，大幅压缩"杀伤链"环节，颠覆传统战场时空关系

相比现役空中平台，高超声速飞机的飞行高度不仅有利于ISR任务的执行，还可作为中继节点，打通临近空间通道，再兼以高速与机动性，能够有效突防现役防空系统。高超声速飞机一旦装备，将集情监侦与打击一体，执行多种任务。

未来，在反介入环境作战时，高超声速飞机可依靠自身极强的生存能力实现拒止区域突防，再利用搭载的ISR载荷对重要固定/时敏目标实施即时抵近侦察，同时发挥"发现即摧毁"优势对目标进行临空打击，尤其当高超声速飞机搭载高超声速导弹后，打击半径和毁伤侵彻能力将进一步提升，大幅降低地理空间对战略后方的保护性，从而以少量优势装备达成战略震慑目的。

综上可知，美国高超声速飞机技术正从以动力为代表的单项技术，向验证机乃至作战运用等系统层面发展。

三、结束语

2021年2月，美国国防部研究与工程副部长办公室高超声速武器项目主管迈克·怀特在美国空军协会在线空战研讨会上表示，国防部已经制定了一项高超声速现代化战略，其中指出将利用高超声速飞机进行情报、监视、侦察和打击，并将其用作空间进入飞行器的第一级。战略地位的确认，将进一步促进美国高超声速飞机技术的发展。

（中国航天科工集团第三研究院三一〇所　李文杰）

美国吸气式高超声速导弹技术进展分析

2021年9月27日,美国国防高级研究计划局与美国空军成功完成了"高超声速吸气式武器概念"(HAWC)空射高超声速巡航导弹原型首次飞行试验(图1)。此次试验是美军继2013年成功验证X–51A双模态超燃冲压发动机后又一重大技术突破,将促进其空射高超声速巡航导弹的研制部署。

图1　HAWC空射高超声速巡航导弹原型及其载机

一、发展概述

美国吸气式高超声速技术发展过去长期定位和聚焦于技术探索与基础研究,导致武器化进程落后于俄罗斯等国。为实现赶超,美国近年显著加速吸气式高超声速巡航导弹研制进程,并大力投入高超声速工业能力建设,打造低成本、大规模生产能力,以长期占据该领域技术优势。

(一)HAWC首飞成功,将促进高超声速巡航导弹研制

此次HAWC飞行试验的原型弹由雷锡恩公司设计,超燃冲压发动机由诺斯罗普·格鲁曼公司研制,采用碳氢燃料。试验中,发动机启动几秒前原型弹从飞机上释放,固体火箭发动机将导弹加速到超燃冲压发动机接力速度,之后超燃冲压发动机点火,并将HAWC原型弹加速到马赫数5以上。但美国国防高级研究计划局和空军高度保密超燃冲压发动机详细试验情况,仅表示试飞实现了所有主要目标,包括原型集成、顺序释放、与载机分离、助推器点火、与助推器分离、超燃冲压发动机点火,以及巡航飞行等。美国国防高级研究计划局还表示:"HAWC自由飞行试验成功将使高超声速巡航导弹成为我们战士的一种高效工具。"

HAWC项目自2014年启动,对高超声速巡航导弹进行关键技术开发和演示验证,包括支撑高超声速高效巡航飞行的先进气动布局技术、碳氢燃料超燃冲压推进技术和热管理技术,以及经济适用的系统设计和制造方法等。HAWC经过多年发展,即将完成预研。

(二)多项目推动技术成熟,加速形成实战能力

近期,高超声速巡航导弹成为美军发展重点,美国陆续推出多项吸气式高超声速导弹研发项目。2022财年预算显示,海、空军两大军种首次编

列高超巡航导弹武器型号项目。一是美国空军"高超声速攻击巡航导弹"（HACM）项目，预算为 HACM 编列 2 亿美元，加速高超声速巡航导弹研制进程，以满足 2022 财年国防授权法案草案要求 3 年内实现吸气式高超声速武器部署；二是美国海军"进攻性反水面战增量 2"（OASuW Ⅱ）项目，预算文件显示该项目具有 3 种不同的候选方案。该项目旨在为海军开发高速/高超声速远程空射武器系统，使海军能够在濒海区域和"反介入/区域拒止"环境中开展作战与掌握控制权。

此外，美国国防部 2021 年 6 月授出"南十字星综合飞行试验"（SCIFiRE）项目合同，与澳大利亚合作开展该项目，旨在继续借助盟友力量，开发和演示空射吸气式高超声速武器原型，推进高超声速巡航导弹技术进一步成熟，并控制外形尺寸以实现战斗机挂载。SCIFiRE 项目将在大量吸收美澳合作"高超声速国际飞行研究试验"（HIFiRE）项目技术成果基础上开发样机。

（三）改革生产制造模式，力求低成本大规模列装

2019 年，美国空军宣布吸气式高超声速技术在先进制造技术的助力下发展得比预期快，决定从实验室转入型号原型研制，以尽快形成作战能力。

美军一直强调通过先进制造技术和生产概念实现高超声速导弹的低成本生产。2020 年 9 月，美国应用科学与技术研究组织（ASTRO）在 DARPA 为期两年的资助下，完成了"高超声速生产加速器设施"（HPAF）的方案研究。HPAF 以超燃冲压动力的高超声速巡航导弹为重点突破口，旨在实现数千枚该类武器的快速低成本制造。根据 ASTRO 的方案设想，从电子束焊接机的原料供应商、到负责总装集成的主承包商，整个高超声速巡航导弹的供应链都集中在 HPAF 一座工厂内。据测算，这种垂直整合的集中式供应链模式，可使设计－生产－试验－鉴定的时间周期缩短为 1/4 左右，其成本大约为传统分布式供应链的 1/2。这种生产制造模式创新将使得未来高超声速巡航导弹低成本批量生产更具可能性，高超声速巡航导弹大规模部署运用将成为现实。

二、技术发展研判

美国吸气式高超声速导弹有望在未来三年内形成装备，成为未来精打武器谱系中的主战装备，从技术发展来看，吸气式推进系统技术、增材制造技术等是美国吸气式高超声速导弹的重要攻关方向。

（一）美国高超声速巡航导弹发展正进入高速发展阶段

从美国吸气式高超声速导弹装备与技术发展方向看，近期先发展出近程（1000 千米左右）高超声速巡航导弹，远期随着中等尺度超燃冲压发动机技术的成熟，将进一步发展更远射程的（5000 千米）高超声速巡航导弹。研究表明，美国多型高超声速导弹计划将在 2022—2025 财年实现部署，即使进度会有一定程度推迟，也有较大的可能性在 2030 年前完成装备定型，未来 5~8 年将是美军高超声速巡航导弹装备的高速发展期。

在进行高超声速巡航导弹研制的同时，美国同步开展军事作战使用和战场环境推演，并着手筹划下一步吸气式高超声速巡航导弹作战全过程的试验与鉴定工作，对飞行试验过程需验证的关键技术进行了全面考量和布局。

（二）双模态/双燃烧室超燃冲压发动机两种动力技术路线并行

在高超声速巡航导弹的发展需求牵引下，美国超燃冲压发动机技术得到了快速发展，最初是双模态超燃冲压发动机和双燃烧室超燃冲压发动机两条线并行发展；后由于 HyFly 三次飞行试验失利，一度呈现双模态超燃冲压发动机一枝独秀的态势，期间仅有个别秘密项目开展双燃烧室超燃冲压发动机相关的研究；近两年海军型号的一系列最新动向表明，美国并没有放弃双燃烧室超燃冲压发动机这条道路。当前，美国高超声速巡航导弹由DARPA与海、空军分别实施，其中空军的"HAWC""HACM""南十字星综合飞行试验"等项目采用双模态超燃冲压发动机，海军的"HyFly 2""啸箭""OASuW Ⅱ"等项目采用双燃烧室超燃冲压发动机，采取多项目并行、不同技术途径同步探索的发展方针，推进高超声速巡航导弹技术成熟，为尽快实现部署降低发展风险。

（三）降低研产成本，打造规模化高超声速打击能力

大国发生军事冲突时，弹药齐射竞争将成为火力对抗的主要样式，火力密度至关重要。为谋求与中俄在高超声速武器装备竞争中长期占据优势地位，美国不仅在突破高超声速巡航导弹技术方面发力，而且致力于寻求规模化列装。美国洛克希德·马丁公司总裁曾表示，通过采用增材制造技术，吸气式高超声速巡航导弹的批量生产成本可降至100万美元量级，和JASSM-ER导弹成本接近，因此，在批量化生产后，其在效费比上具有较大优势。增材制造技术的突破和成熟，将使得高超声速巡航导弹能够实现低成本化，从而真正实现大规模装备和应用。另外，美国当前采取的"高超声速生产加速器设施"方案也可实现高超声速巡航导弹规模化快速低成本制造，使其量产能力大幅跃升，以实现在高超声速武器领域快速赶超中俄。

三、结束语

高超声速巡航导弹具有尺寸较小、载弹量大（B-52可装载15～20枚高超声速巡航导弹），在战斗机和轰炸机上适装性好等特点，当前发展深受美军重视。鉴于未来吸气式高超声速巡航导弹在战场运用中将带来打击速度快、机动能力强、拦截难度大等优势，战时将快速突防我现有防御系统，若实施规模化打击，将使我各类高价值目标处于高风险当中，造成巨大威胁，应警惕对待。

（中国航天科工集团第三研究院三一〇所　刘都群）

美军高超声速助推滑翔武器 AGM–183A 发展分析

美国国防部 2022 财年预算文件显示，为美国空军机载高超声速助推滑翔武器——空射快速响应武器（ARRW）AGM–183A 编列 1.6 亿美元，采购 12 枚 AGM–183A 全备弹及配套设备，并将首先部署在 B–52 轰炸机上。按照美军计划，AGM–183A 将在 2022 年 9 月实现早期作战能力。但是，从近一年来 ARRW 项目实施情况来看，2021 年开展的两次飞行试验均告失败，导致项目发展陷入困境。该型号能否顺利研制成功，至关重要的因素是技术是否成熟、难点能否突破。

一、空射快速响应武器项目基本情况

ARRW 项目于 2018 年正式启动（图 1），旨在国防高级研究计划局（DARPA）于 2014 年启动的战术助推滑翔（TBG）技术验证项目成果基础上，发展机载助推滑翔高超声速武器原型。AGM–183A 长 5.9 米，直径 0.66 米，重 2.5 吨，携带高强度钨金属制成的 68 千克破片式战斗部。

ARRW飞行速度可达马赫数10，射程926千米以上。

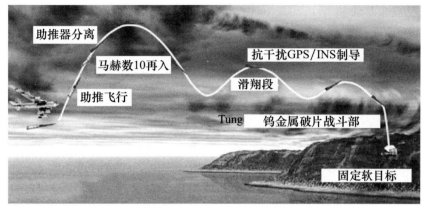

质量：约2250千克	射程：>925千米
长度：5.8米	成本：1300万美元/枚
直径：0.65米	早期作战能力：2022财年底
战斗部：68千克	制造商：洛克希德·马丁公司
引信：高爆	

图 1 美国空军 ARRW 武器的飞行轨迹与关键战技指标

尽管 ARRW 项目采用了快速采办程序，但自 2020 年 2 月项目完成关键设计评审后，计划屡次拖延。首先是原计划 2020 年 12 月开展的助推器飞行试验，被推迟到 2021 年 4 月，结果因发射序列系统缺陷，导致助推器试验未能成功与载机分离；2021 年 7 月 28 日，空军开展了第二次助推器飞行试验，虽然顺利完成了全部发射序列动作，但火箭发动机却未能成功点火。美国空军全寿命周期管理中心武器分部主任、ARRW 项目执行官希斯·A·柯林斯表示，AR-RW 第二次试飞失败的根本原因仍不明确，原定于 2022 年的投产计划也将推迟。

二、空射快速响应武器项目面临的问题

从 ARRW 项目技术基础、技术成熟度，以及性能综合评估结果来看，

该项目发展还存在诸多尚未解决的技术问题。

（一）乘波体气动构型的助推滑翔飞行器从未取得成功验证

美国空军 TBG/ARRW 与陆军的"远程高超声速武器"（LRHW）、海军的"中程常规快速打击"（IRCPS）武器均为高超声速助推滑翔武器，但 TBG/ARRW 滑翔体采用楔形外形的乘波体气动构型（图2），LRHW 和 IRCPS 则采用双锥体气动构型，前者可获得更高的升阻比（4以上），可实现1万千米以上全球飞行，且具有更好的横向与纵向机动性，但稳定性较差，其设计与控制难度更大。

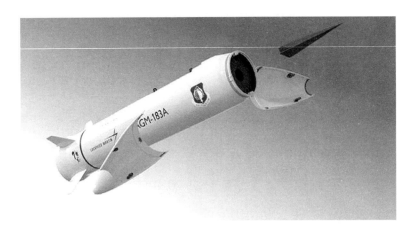

图2　AGM-183A 滑翔弹头采用高升阻比乘波体气动构型

注：AGM-183A 全弹为回转体，采用火箭发动机为动力，尾部安装四片气动舵面，头部为锥形整流罩，内部安装滑翔弹头。图中所示为整流罩打开后滑翔弹头被释放的瞬间。

早在20世纪60年代，美国就对 LRHW 和 IRCPS 采用的双锥体气动构型技术进行了深入研究，曾对双锥体构型的技术验证"助推滑翔再入飞行器"（BGRV）成功进行了3次飞行试验，航程最远达到8047千米。而 TBG/ARRW 是在美国空军"高超声速技术飞行器"（HTV-2）基础上进行发展，乘波体气动构型的 HTV-2 是美国空军发展的"本土发射"洲际航程的助推滑翔高超声速导弹技术验证飞行器，在 2010 年、2011 年开展的两次飞行试验均以气动稳定性、机动控制、热防护等技术掌握不足而告失败。鉴于乘波体气动构型的助推滑翔飞行器尚未有过成功飞行试验，ARRW 项目型号发展必将面临极大的技术风险。

（二）热防护系统关键技术尚未成熟

据美国政府问责局 2021 年 6 月公开的《武器年度评估》报告指出，之前开展的技术成熟度（TRL）评估高估了 ARRW 的 TRL 等级。目前的评估结果是有 2 项热防护关键技术未成熟，其 TRL 等级仅为 4 级（图 3）。这一 TRL 等级距离工程型号转化（一般 TRL 为 6~7 级）尚有较大差距。

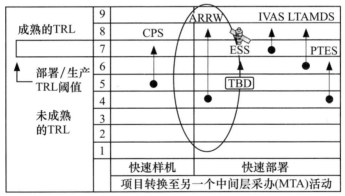

图 3 ARRW 技术成熟度（TRL）评估

（三）能力评估结果表明只能打击固定软目标

ARRW 项目启动之初，美军对该武器能力描述多为"打击强对抗环境下的高价值时敏目标"。但据 2021 年国防部《高性能计算（HPC）现代化计划》年度报告对 ARRW AGM-183A 的能力评估结果，"AGM-183A 滑翔导弹能够接收 GPS 数据，锁定固定目标的坐标，但在飞行中无法接收位置信息的更新数据，无法追踪移动目标。AGM–183A 似乎也未装备射频或光学传感器，无法自行捕获固定或移动目标。鉴于所采用的制导和战斗部技术，AGM–183A 可能无法打击移动或可转移目标，以及处于坚固掩体之下或地下碉堡中的目标。"

三、几点研判

（一）美国空军决策层对于新技术装备"急于求成"的心态反而造成"欲速而不达"

2021 年，美国空军 ARRW 项目两次试飞，均因低级错误导致失败，已经造成项目计划延迟；后续关键技术飞行验证，则更具挑战性，其面临的技术风险不言而喻。美国空军决策层既追求快速形成能力，又追求技术"顶尖"，不愿采用保守有效技术方案的"急于求成"心态导致"欲速而不达"。

早在 2016 年，时任 DARPA 助理主任斯蒂文·沃克，曾告诫美国空军，"等到 TBG 完成首次试飞后，再启动武器型号项目"。但仅仅 7 个月后（即 2017 年 5 月 3 日），时任美国空军执行部长丽莎·迪斯布罗即签署了启动 ARRW 武器型号项目的授权文件，并在 2020 年将预研项目 TBG 与型号原型项目 ARRW 直接合并发展。这种做法在美国武器项目发展史上实属罕见。

（二）乘波体气动布局的助推滑翔方案不一定最优，实战效能可能较为有限

根据 AGM–183A 全弹长度 5.9 米与弹径尺寸 0.66 米估算，其整流罩内部的滑翔弹头长度将小于 1.5 米，翼展将明显小于 0.66 米。结合其乘波

体气动布局,该滑翔弹头的空间容量将十分有限,扣除必需的热防护、控制、电源等子系统外,很难有效布置战斗部、雷达导引头等作战所需的载荷部件。上文提及的国防部《高性能计算(HPC)现代化计划》年度报告,对 ARRW AGM-183A 能力评估结果(战斗部质量仅 68 千克,只能打固定软目标),也证实了这一推测。因此,即使首批 AGM-183A 能够如期列装,能够凭借其高升阻比外形获得较大的机动性,但其实战效能可能非常有限。

(三)ARRW 项目未来发展充满变数,不排除有重启备胎项目甚至改变发展路线的可能性

综合多种因素表明,ARRW 项目后续走向至少有 3 种可能性:

1. 可能性之一:继续推进 ARRW 项目,但列装投产时间会延期

美国空军全寿命周期管理中心武器分部主任、ARRW 项目执行官希思·柯林斯表示,如果美国空军能在近期查明 ARRW 失败原因,快速实现问题归零,则有望在 2021 年底前恢复飞行试验,但其投产以及实现早期作战能力的时间将晚于 2022 年 9 月,大概率会拖延到 2023 年甚至更晚。如果失败调查周期较长,或者需要额外开展诸多工作(如调整设计),将导致 ARRW 错过下一个试验窗口,投产列装时间势必进一步延期。

2. 可能性之二:重启备胎项目 HCSW

如果 ARRW 项目在问题归零上进展过于缓慢,或者后续试飞仍然失利,为解决装备急需,美国空军将不惜以成本和挂载能力为代价,重启 2020 年初被空军暂停的高超声速常规打击武器(HCSW)项目,HCSW 采用与陆军、海军通用的轴对称双锥体滑翔头,尺寸更大、质量更重。实际上,2020 年初美国空军暂停 HCSW 项目时,其已通过关键设计评审。美国国防部负责全军高超声速科研的副局长迈克·怀特与美国空军希斯·柯林斯均在近期表达过该想法,"只要有需要,随时都可以继续"。

3. 可能性之三：重新调整高超声速发展路线

新上任的美国空军部长弗兰克·肯德尔在近期对空军高超声速武器发展路线图表示质疑。2021 年 9 月 20 日，肯德尔在空军协会小组会议上表示，对 ARRW 试验进展非常不满。肯德尔表示："我们设定的目标，以及为什么高超声速武器是美国最具成本效益的武器，对我来说仍然是一个问号，我还没看到证明当前计划合理性的分析"。在 2021 年 7 月初第二次试飞尚未进行时，美国会就已向空军施压，提议要将 ARRW 项目削减 4400 万美元的采购经费。

四、结束语

美国空军为增强其在印太等地区形成"动态兵力部署"的能力，高度倚重、迫不及待地发展 ARRW 助推滑翔高超声速导弹型号，并谋求尽快部署。但 AGM – 183A 是为追赶中俄而上马，其研发思路是由从来没有成功试飞的全球打击助推滑翔高超声速导弹验证项目衍生而来的，发展至今难掩其重大技术缺陷。美国空军能否在未来 2 年如愿列装 AGM – 183A 型号，我们将拭目以待。

（中国航天科工集团第三研究院三一〇所　胡冬冬）

美国"作战火力"项目成功进行可变推力发动机的地面试验

2021年5月,DARPA"作战火力"(OpFires)项目成功完成高超声速导弹助推器第二级火箭发动机的地面试验(图1)。试验实现了按需中止推力,验证了可变推力固体火箭发动机技术,完成了OpFires项目的一项重要里程碑。

图1 航空喷气·洛克达因公司可变推力发动机的地面试验图

一、"作战火力"项目基本情况

美军为补充地面部队在陆基精确打击火力有效射程不足,于2018年启动"作战火力"项目。OpFires项目旨在向作战/战区级别指挥官提供灵活、持久的时敏目标打击能力,主要任务是研制新型高超声速导弹助推器,并完成导弹武器系统集成(图2)。导弹采用两级火箭发动机方案,第一级为固体火箭发动机;第二级为推力可调火箭发动机,由洛克达因公司、外四边形公司、内华达山脉公司分别独立承研。

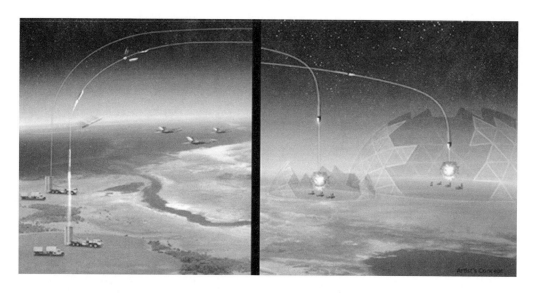

图2 OpFires作战场景想定(DARPA官网图片)

"作战火力"项目分3个阶段:第一阶段为2017年6月至2018年5月,重点是设计和开发先进固体火箭发动机,洛克达因航空公司、外四边形公司和内华达山脉公司总共完成了30多项发动机试验;第二阶段为2018年6月至2019年5月,主要任务是使助推器达到关键设计评审水平,并计划在 2020 年底开展至少 2 套助推器试验样机的冷/热试车；目前该项目进入第三阶段，其 3a 阶段包括综合系统初步设计审查、综合设计和试验计划，其 3b 阶段则包括利用运载火箭进行全方位的导弹制造、组装和飞行试验。新型导弹系统预计 2030 年前投入使用。

二、可变推力发动机试验情况

此次洛克达因公司在美国陆军红宝石试验中心进行的静态试验中，成功试验了全尺寸先进固体火箭发动机。该高性能固体燃料"节流式"火箭发动机，演示了可变射程技术，验证了该发动机在燃烧完所有燃料之前关闭、使导弹能够打击中程目标、并实现射程可调的能力。在本次静态试验之前，还对助推器试验件进行了试验，并进行了一系列小型推进系统的试验。

2020 年，外四边形公司成功完成的固液混合火箭发动机第二次也是最后一次地面试验中，通过流量调节的固液混合火箭发动机，实现了发动机推力水平可调、关机时间可控，以及针对不同载荷、射程弹性可调的快速投送能力。该发动机可为高超声速导弹、导弹防御拦截器和太空轨道飞行器提供动力，为美军提供新的载荷灵活投送能力。

三、可变推力发动机的优点

现有陆基战术弹道导弹的固体火箭发动机，燃烧时间和推力取决于固体推进剂结构和填充构型，难以实现推力调节和多次开关机，导弹打击灵活性受限；液体火箭发动机推力可调，但存在维护成本高、发射前准备周期长、推进剂有毒等问题，不适用于战术弹道导弹。洛克达因公司实施的"作战火力"项目助推器第二级发动机采用固体火箭发动机方案，不同于传统固体火箭发动机，该发动机在设计中考虑了包括推力可调喷管、脉冲发动机、可再点火式推进剂，以及其他能够实现推力可调和能量管理的技术，实现推力可调、可控关机，能较好地解决上述问题。

助推器发动机推力可调，可使高超声速导弹具备以下技术特点：一是可实现射程弹性可调。通过流量可调节的固体/固液混合火箭发动机，可以在燃烧完所有燃料之前关闭，实现发动机推力水平可调，使导弹具备针对多种距离的多种类型目标攻击的能力；二是显著提升载荷灵活性。发动机集成到高超声速导弹、导弹防御拦截器和太空轨道飞行器，可实现对不同载荷的快速投送能力；三是维护使用方便。该助推器具备满足多型导弹使用需求的能力，可显著降低维护保障配套的复杂性，迅速形成战斗力。

四、几点认识

（一）"作战火力"将对我形成弹性打击

该新型可变推力发动机是实现高超声速导弹在飞行中调整射程、大范围内打击不同距离目标的关键。该助推器具备推力及工作时间可调节的优势，搭载滑翔弹头后可具备大范围目标打击能力。"作战火力"项目计划在21世纪20年代末之前将集成可变推力的导弹装备陆军，该导弹可迅速部署至第一岛链，将使我沿海到内陆之间较大区域内时敏目标遭受的战术袭击更加难以预测。

（二）可搭载传统导弹弹头，实现装备通用化

该新型助推器还具备一型多用潜力，将使美军作战部队实现装备体系

精简，通过形成系列化型号装备满足战术需求，提升部队战术灵活性，降低供应与维护保障风险，还可利用该助推器搭载传统弹道导弹弹头，形成丰富武器种类，进一步扩充作战单元火力类型，丰富打击手段。

（三）"作战火力"将充分提升使用维护通用性

可变推力发动机集成的导弹武器系统在设计中充分考虑对现役装备集成和战术机动能力，采用成熟的 USMC – LVSR 轮式发射平台，可由具备野战跑道起降能力的 C – 130 运输机空运转场，且不再单独设计支持系统（起重机、雷达、温度维持等），可在数分钟内完成发射器换装，以上优势意味着该导弹系统除具备优异的打击灵活性外，还兼具良好的野战机动性、后勤维护性与装备可靠性，可在短时间空运至部署位置，接到攻击指令后迅速展开，完成发射。

（中国航天科工集团第三研究院三一〇所　刘都群）

朝鲜远程巡航导弹技术分析

朝鲜国防科学院于 2021 年 9 月 11 日和 12 日试射了其最新研制的远程巡航导弹。该导弹发射后，沿朝鲜国土和领海上空预定的椭圆形和八字形飞行轨道共飞行了 7580 秒，精确打击了设定在 1500 千米处的目标。此次试射取得圆满成功。由于朝鲜半岛问题的高度敏感性，朝鲜此次高调对外公布发射巡航导弹信息引起了韩国、日本和美国等国的高度关注。

一、导弹概况

当日，朝鲜《劳动新闻》公布了两张该导弹测试的照片（图1），并表示，发展巡航导弹是劳动党在八大会议上提出的《国防科学发展及武器系统研发 5 年规划》中的重点课题。作为核心项目，朝鲜过去两年来一直在积极稳步地推进其研发工作，在此期间成功完成了一系列子系统试验，包括数十次的发动机地上点火试验，以及各种不同的试飞、制导试验和战斗部威力试验等。

重要专题分析

图 1　朝鲜官方发布的导弹发射和飞行的照片

(一) 气动外形和技术路线

有关朝鲜该巡航导弹的具体指标和参数，官方尚未公布更多详细资料，但根据目前已公布的图片和信息可以做出大致推测分析。

首先，根据推算可以得知，该弹的飞行速度大致为 712 千米/小时，约合马赫数 0.58，是一型亚声速巡航导弹。观察图片可以看出，该弹的总体气动布局设计为圆柱形弹体搭配折叠的大展弦比中部弹翼和小尺寸尾翼。

一些韩国专家认为，该导弹的外观与韩国研制部署的"玄武"-3 巡航导弹和美国"战斧"巡航导弹相似（图 2）。但韩国国防安全论坛秘书长申宗宇却认为，"结合导弹发动机进气道位置来看，朝鲜此次试射巡航导弹更加神似'战斧'（此处指的应该是'战斧'block1/2/3），而不似'玄武'-3"。

也有分析认为，根据该导弹的飞行速度和可能的技术来源判断，其原型更有可能是苏联 Kh-55 巡航导弹（图 3），因为 Kh-55 的飞行马赫数在

0.4~0.77（第三版导弹大全），而世界现在主流亚声速巡航导弹马赫数都在 0.75~0.95。并且，因为伊朗研制的霍韦伊泽巡航导弹也继承了 Kh–55 的技术，而朝鲜又和伊朗长期以来保持紧密的军事联系，如果朝鲜是从伊朗获得部分相关技术，也在情理之中。

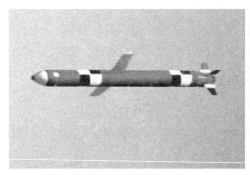

图 2　"玄武"–3 巡航导弹（左）和"战斧"block3 巡航导弹（右）的气动外形

图 3　Kh–55 巡航导弹（左）和"战斧"block4 巡航导弹（右）

还有观点指出，朝鲜的这款巡航导弹在弹翼设计和尾翼布局上有其独特之处。一方面，它的中部弹翼带了一定的后掠角度，而不是同"战斧"一样的标准平直翼，这表明朝鲜设计人员试图在增加射程和提高速度上做一个平衡；另一方面，朝鲜巡航导弹的尾翼选择的是 3 翼布局，3 片尾翼大致呈 120°角，虽然很像"战斧"block4 和 Kh–55 巡航导弹，但它的进气道设计确实与众不同。

俄罗斯地缘政治问题研究院院长、军事学博士康斯坦丁·西夫科夫更倾向于认可朝鲜远程巡航导弹的研发是属于朝鲜国防工业自己的成果。因为他认为,一个科学水平不高的国家即使在有外部帮助的情况下也无法制造出这样的武器。他推测朝鲜应该是在科技发展领域实现了重大飞跃,理由是除朝鲜外,目前世界上有能力生产这种武器的只有几个主要军事强国。虽然法国和英国有类似武器,但它们的最大攻击范围也只有 1000 千米。研制出这种导弹表明朝鲜在军事技术方面已经不再是第三世界国家,因为要制造这样的武器,不仅需要图纸,更需要拥有非常高水平的科学、高精密设备,以及足够多的可以操作此类设备的技术人员。

(二)制导系统

制导能力方面,朝中社只明确提到该导弹使用了复合制导,并没有具体指出使用的是哪些制导技术,也没有公开导弹的发射位置和目标地点。但仔细观察公布的照片可以看出,第一,朝鲜试射的这款巡航导弹前端没有透明的半球式光学窗口,由此推断使用的不是可见光导引头;第二,红外窗口材质除了硫化锌为奶白色外,其他红外光学窗口基本没有图中所显示的奶白色材质,综合考虑朝鲜目前的红外导引技术发展,大概率选用的是陶瓷材质或玻璃纤维＋白色涂层;第三,从头罩锥度来看,使用红外导引系统如果要一定的搜索范围,迫使导弹头部的锥度会较接近于半圆,而图中锥度较尖,用作红外头意义不大,且非球面面型的玻璃材质加工难度很大,而朝鲜目前也还没有自主生产红外探测器的能力,因此,通过上述综合判断,该导弹使用的导引头大概率应该是雷达导引头。

(三)动力系统

有关动力系统,朝中社只强调,俄该远程巡航导弹使用的是一台新研制的涡扇发动机。这次试验，朝鲜旨在对该发动机的推力等技术指标进行验证，试射结果显示，其性能满足设计要求。根据前文的描述，在此次试验之前，朝鲜已经做过数十次的发动机地面点火试验，因此，这款发动机应该为自主研发。韩联社标记出了这型巡航导弹的涡轮风扇发动机和弹体背面的发动机吸入口（图4）。

图4　朝鲜新型远程巡航导弹的主要特点

（四）发射系统

通过公布的照片可以看出，朝鲜的这型巡航导弹所使用的发射装置为一款地面移动发射车。发射车上装有5个圆柱形储运发射箱和发射架。有分析认为，该发射车和出现在朝鲜2020年阅兵式上的超大口径轮式火箭炮的底盘（图5）十分相似，因此，从这一点可以推测该导弹的直径在500～600毫米。

重要专题分析

图 5　朝鲜 5 联装超大口径火箭炮发射器

二、几点分析

（一）规避制裁，朝鲜另辟蹊径发展巡航导弹

朝鲜开始发展巡航导弹技术，而不再只执着于发展弹道导弹。朝鲜的弹道导弹技术经过几十年发展已相对成熟，目前具备了独立研制近中远距洲际各个射程基本衔接的系列弹道导弹（图 6）的能力，继续发展也不会有更大的突破。同时，由于长期以来受国际社会对朝发展弹道导弹的制裁，再加上受疫情影响，朝鲜的经济发展状况不容乐观。如果继续发射，可能还会受到新一轮制裁，所以不如进而拓展"赛道"。更重要的是，开发巡航导弹这种进攻性武器不仅在理论上不违反联合国安理会的制裁决议，还能拥有一种常规的不对称打击能力，得以牵制敌人更多的先进武器，用于对抗美、日、韩联盟的技术优势，是一件一石二鸟的事。朝鲜核导弹计划专家弗拉基米尔·赫鲁斯塔列夫也认为，朝鲜新型巡航导弹作为一种高效的现代武器，相对

其他的杀伤武器更具优势，朝鲜从此可以用核常武器建立起一个平衡的多元遏制系统。最为重要的是，即使朝鲜亚声速巡航导弹的技术看起来并不算十分先进，但因为其打击范围广、种类多、还具备远程精确投送能力，已足以引起美国注意，并为其增加无核化谈判的筹码，获取更多的利益。

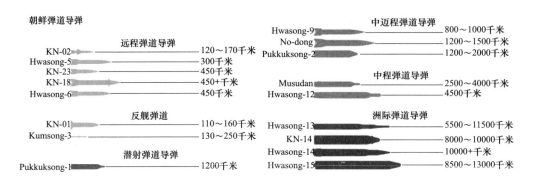

图6 朝鲜弹道导弹发展现状

（二）出其不意，瞄准周边国家预警探测空隙

正因为朝鲜的巡航导弹不在之前的制裁名单中，美韩甚至对于朝鲜这次试射任务显得有些后知后觉。据一位不愿公开姓名的韩国政府消息人士透露，"韩美军方和情报当局直到朝鲜官媒报道后，才知道朝鲜发射远程巡航导弹的消息"。他还表示，"对于这次发射，我们不仅未能提前发现动向，事后也没有探测到相关情况"，"军方和情报当局正为此大惊失色"。这也就是说，朝鲜此次试射巡航导弹没被美韩的预警探测系统侦察到。而且据韩国《中央日报》报道称，韩美目前所掌握的情报信息仅能推测出朝鲜此次的导弹发射地是国防科学院试验场地所在的平北铁山、泰川或咸镜北道舞水端，对于其他情报还尚未作出任何分析。

关于美韩预警探测系统此次集体"失明"，这应该是和他们过去一直紧盯着朝鲜的弹道导弹发展，并把所有针对朝鲜的反导力量都集中到这一点，而忽略了对于朝鲜巡航导弹的监视有关。因为目前美韩针对朝鲜几乎没有部署太多用于侦察低空或超低空目标的装备，所使用的雷达也是为了侦察跟踪从朝鲜半岛地面发射升空超过500米的导弹，或是中高空乃至大气层边缘的打击目标，还不能立刻就搭建好探测朝鲜50～100米以下低空飞行巡航导弹的合适系统，所以朝鲜突然公布试射远程巡航导弹消息令美国和韩国都感到非常震惊和意外。

日本也不例外。当下日本需要依赖美国提供预警信息支持和技术帮助才能完成导弹早期预警监视和远程识别跟踪，而且对于朝鲜可能来袭巡航导弹也没有什么现成的拦截手段，因为之前巡航导弹防御建设都是针对中俄设计的。如今要面对朝鲜这项新能力，不论是要重新部署原本预警装备，还是重新建立拦截作战体制，都要消耗掉日本的防务预算和时间精力，最后日本也不得不为朝鲜的巡航导弹能力"买单"。

实际上，这并不是朝鲜今年第一次试射巡航导弹，就在美国总统拜登就任后的1月22日和3月21日，朝鲜就曾分别在平北龟城和温泉地区朝西海方向发射两枚巡航导弹（图7），只是当时美国并没有在意。由此可见，

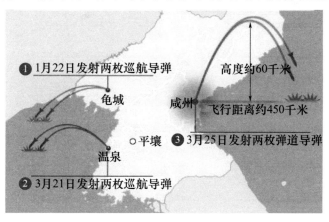

图7 朝鲜2021年导弹发射情况

朝鲜已经找准了美、日、韩的监视"漏洞",后续还有很大可能会继续开展此类活动。

(三) 远程打击,覆盖韩日全境及美军基地

之所以朝鲜公布成功试射巡航导弹的消息后,美、日、韩三国当日迅速做出回应,最直接的一个原因就是朝鲜试射的新型巡航导弹的最大射程已可达1500千米。这一距离不仅可以覆盖韩国全境,还足以打到东京,甚至连美国的横须贺第七舰队基地、日本的佐世保海军基地以及冲绳嘉手纳基地也在其射程范围内(图8),其中的危险自是不言而喻。而且朝鲜过去就有使用弹道导弹模拟对驻日美军基地战略打击的先例,这些军事基地事关朝鲜半岛发生冲突时美国后勤保障的命脉。如此一来,即使朝鲜发展的

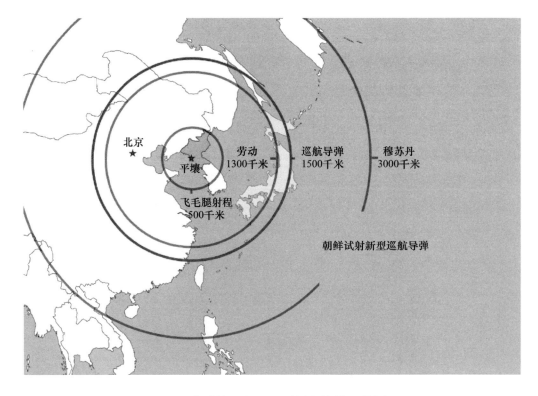

图8 朝鲜新型远程巡航导弹射程范围

只是一型普通的亚声速巡航导弹，其对于周边国家构成的实际威胁也已经不容小觑。而且朝鲜在设计这型巡航导弹时很大可能是采取了"射程第一"的原则，力图最大拓展打击范围，这样一定程度上就建立了自己的"反介入/区域拒止"能力，增加了美国在紧急情况下对其进行干预的难度。

（四）核常兼备，可能威胁东北亚局势安全

在东北亚地区，朝核问题一直是影响区域安全稳定的重要因素。此次朝中社的报道明确提到，其要发展的远程巡航导弹是具有重大意义的战略武器。而且这型武器将使朝鲜能够更加坚定地保障国家安全，成为压制敌对势力反朝军事活动的又一个有效遏制手段。这型被解读为朝鲜的巡航导弹可能会携带核弹头。

自 2019 年以来，美朝无核化谈判一直停滞不前，这已经造成韩国处于持续的安全焦虑中，致使部分韩国分析人士甚至考虑将美国战术核武器重新部署到韩国本土上，以此作为无核化的有效筹码。如果朝鲜的新型巡航导弹真能换装小型核战斗部，其中的危险自是不言而喻。

与此同时，今年 5 月《韩美导弹指南》的终止使韩国从美国的弹道导弹射程束缚中解脱出来，韩国可以放开手脚发展更多能够打击朝鲜的武器。据悉，仅在朝鲜宣布成功试射新型巡航导弹后两天，韩国就宣布成功试射自主研制的潜射弹道导弹，并于明年装备。当日下午，朝鲜紧接着又在平安南道阳德郡向半岛东部海域发射了两枚近程弹道导弹，导弹射程约 800 千米，射高超过 60 千米，落入朝鲜半岛和日本之间的水域。朝韩这轮试验看似不约而同，实际上都是在背后较劲，希望打破均势。半岛军备竞赛的加剧，势必会进一步引发东北亚局势动荡，后续发展值得继续关注。

（中国航天科工集团第三研究院第三总体设计部　贾安琪）

以色列"海上破坏者"智能化导弹分析

2021年6月30日,以色列拉斐尔先进防御系统公司推出了新一代多用途导弹系统"海上破坏者"。该导弹采用人工智能为代表的先进技术,可在水面舰艇和地面发射,精确自主打击海上/近岸和陆地等固定与移动目标。

一、技术与能力特点

"海上破坏者"导弹以高亚声速隐身飞行,射程300千米,长度小于4米,直径约350毫米,重量不到400千克,配备113千克侵彻/爆炸/预制破片多功能战斗部,以及惯性导航、红外成像、地形匹配和景象匹配多模传感器,可从导弹艇、巡洋舰和护卫舰等多种舰艇发射,还可由"斯派德"陆基发射器机动发射,能够多向、协同、隐蔽突防,自主打击目标及其关键部位。"海上破坏者"多用途导弹主要技术战术性能指标见表1。

表1 "海上破坏者"多用途导弹主要技术战术性能指标

射程	300千米
弹长	<4米
弹径	约350毫米

续表

质量	<400 千克
战斗部	113 千克侵彻/爆炸/预制破片多功能战斗部
制导模式	红外成像＋地形匹配＋景象匹配
导航系统	惯导＋抗干扰 GPS
推进系统	涡喷发动机＋固体火箭助推器

该弹技术先进，其弹体隐身布局，采用人工智能的制导体制，可多平台配装，使其具有强突防、多平台发射、自主打击多域目标等技术与战术性能特点。

（一）采用隐身外形结构，具有低可探测性

"海上破坏者"弹体结构与主流反舰导弹不同，弹体前部采用不规则构型，尾部采用圆柱形弹体，既以规则弹体减小空气阻力，又以前部不规则截面降低雷达反射面积。同时，该弹进气口设计为内陷式，布置在弹体下方；头部红外成像制导头窗口采用多边形隐身设计，末段动力系统为涡喷发动机，均降低了可探测性。此外，该弹以掠海模式飞行，利用地形隐蔽，大幅提高突防能力。图 1 为"海上破坏者"多用途导弹。

图 1 "海上破坏者"多用途导弹

(二)采用人工智能技术,高度自主打击目标

"海上破坏者"制导体制采用人工智能决策算法,以及双向数据链,具有自动目标识别与捕获和重新选择目标实施打击能力。"海上破坏者"运用人工智能技术可识别移动目标并将其与其他物体、地形区分;深度学习算法能够忽略无关数据,对目标进行建模并将目标特征数据嵌入系统中,用于建模的目标数据越多,识别概率就越强。在人工智能技术与隐身技术融合作用下,导弹可能在复杂环境中隐蔽穿越各种地形,准确识别目标后实施打击摧毁目标。该导弹采用双向数据链,支持人在回路实时决策和任务更新,可在飞行中重新瞄准目标或中止打击任务,并完成毁伤任务评估和任务后目标数据提取。

(三)多平台适装,可打击多域固定和移动目标

"海上破坏者"导弹采用通用化技术,开放式架构,可即插即用(图2)。其不仅能够从快速打击导弹艇、巡逻艇、轻型护卫舰上发射,以及地空导弹"斯派德"发射架上发射,还具备反舰能力、精确对地打击能力,成为一型多域打击武器系统;而且"海上破坏者"导弹还可于"标准"-6、

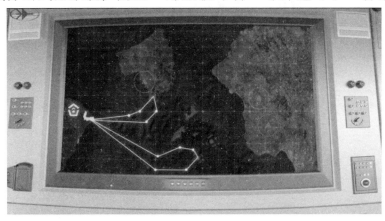

图2 "海上破坏者"的任务规划界面

"蟒蛇"－5和"德比"等防空导弹部署于同一导弹连,大大加强了以色列国防军的海岸作战能力。

二、分析研判

应用人工智能具备上述特点的"海上破坏者"导弹,能够在复杂、恶劣战场环境进行强对抗作战,将进一步提高以色列慑战兼备能力。

(一)新一代巡航导弹呈智能化、多用途、多平台适装的发展趋势

"海上破坏者"特有的"深度强化学习"技术,允许其在模拟环境中对真实世界的地形、威胁和禁飞区域等飞行环境进行仿真,优化导弹飞行点和飞行路线规划,大幅提升目标命中能力。其多域打击能力和多平台适装特性,赋予战场机动灵活的作战能力。近年来,其他各国也频繁开展新一代巡航导弹的研制工作,如美国"远程反舰导弹"(LRASM)、印度"布拉莫斯"－M(BrahMos－M)小型巡航导弹、挪威"海军打击导弹"等。新一代巡航导弹集智能感知、自主识别、在线决策、配装多功能载荷等先进技术于一体,使得导弹可以在新型复杂战场环境中高效作战。

(二)提升未来战争智能化程度,在"反介入/区域拒止"环境中起破局作用

"海洋破坏者"导弹智能、敏捷、高度自主、低可探测性等性能特点,将支持以色列海军在近海应对敌对势力的"反介入/区域拒止"能力。一是支持以色列国防军在未来算法战、智能集群作战、认知控制战等新型作战样式中取胜;二是出其不意地打击敌对势力火箭弹阵地、弹药制造厂、仓库、军事情报机构和高级指挥官住所等高度设防的陆、海目标;三是打击在城市中使用武器的非正规对手是以色列震慑周边敌对势力的有效武器。

三、结束语

随着以色列人工智能技术发展的日益成熟,"海上破坏者"引入多种人工智能技术以应对未来智能化战争的新需求。通过数据共享、人工智能等创新技术领域的探索,"海上破坏者"快速融合现有能力和人工智能技术,实现了基于辅助指挥人员的态势感知,缩短了打击时间,增强了杀伤范围和杀伤力。

(中国航天科工第三研究院三一〇所　赵倩)

分布式跨域自适应任务规划关键技术取得突破

2021年4月，美国空军和BAE系统公司联合发布"分布式交互指控工具"和"多域自适应请求服务"两款软件的虚拟试验结果，初步演示了分布式跨域自适应任务规划的技术可行性。分布式跨域自适应任务规划是实施"联合全域指挥控制"，形成动态杀伤网的重要辅助决策技术，将对美军联合全域作战和分布式作战产生重要影响。

一、项目概况

为解决美军以任务为中心的"跨域协同""马赛克战"的指挥控制与作战管理，DARPA近年推出"对抗环境下的弹性同步规划和评估"（RSPACE）与"自适应跨域杀伤网"（ACK）使能项目。分布式跨域自适应任务规划技术是上述项目重要的创新成果。

（一）项目背景

当前美军将跨域协同作战能力视为非常重要的能力提升方向，一方面，传统的指控组织体制和流程耗时很长，导致作战效率低下甚至无法完成任务；另一方面，先进多功能平台和新式无人平台的发展，带来强大的分布式作战潜力，但由于缺乏灵活的规划程序而无法充分利用。在军用和商用规划技术发展突飞猛进的契机下，美军探索创新先进规划技术，实现分布式跨域自适应任务规划能力。为此，DARPA 分别于 2015 年和 2018 年启动"对抗环境下弹性同步规划和评估"和"自适应跨域杀伤网"项目。

"对抗环境下弹性同步规划和评估"项目于 2015 年启动，主要针对美军空中作战中心（AOC）空中作战指挥与控制架构高度集中，严重依赖可靠的高带宽通信链路，容易遭受对手各种动能和非动能攻击的弱点。该项目目标是寻求分布式规划能力，通过整合人机优势，为不同类型指挥与控制节点的作战人员提供自动化支持，降低指挥控制复杂度，大幅度缩短规划制定时间、减少人员编制需求，"分布式交互指控工具"是该项目主要成果之一。

"自适应跨域杀伤网"项目于 2018 年启动，主要针对目前美军联合作战指控组织和流程无法支持各军种跨域作战概念的问题，各军种当前主要通过手动流程进行任务异构规划和跨域协调，这种对任务的静态资源分配耗时很长，作战效率低下。该项目目标是开发决策辅助软件工具，支持在所有作战域（海、陆、空、天、网）动态变化的环境中，选择合适的作战资源构建跨域杀伤网，并在环境发生变化时动态调整。"多域自适应请求服务"是该项目主要成果之一。

本次试验两款软件曾于 2020 年 8 月参加美国空军"先进战斗管理系统"演习，进行技术验证。针对突发空中威胁，软件生成了数千种跨域杀伤网方案并推荐了最佳方案，指挥官决策后，软件将方案传给一体化火控系统实施防空拦截。

（二）主要动向

2021年4月，美国空军和BAE系统公司联合发布"分布式交互指控工具"和"多域自适应请求服务"两款软件的虚拟试验结果，虚拟试验初步演示了分布式跨域自适应任务规划的技术可行性。

8月，BAE系统公司获得"自适应跨域杀伤网"项目第二阶段合同，将继续完善"多域自适应请求服务"软件功能，使该软件能够为作战部队做出更周密决策，识别各作战域可用装备，评估任务所需资源的成本与收益，提高任务效能。

二、关键技术分析

"多域自适应请求服务"和"分布式交互指控工具"两款软件作为一套"分布式规划自适应架构"进行应用，共同为指挥人员提供辅助决策（图1）。"多域自适应请求服务"针对新增任务，结合已有任务安排，生成覆盖多个指控和作战节点的规划方案建议；"分布式交互指控工具"主要用于任务状

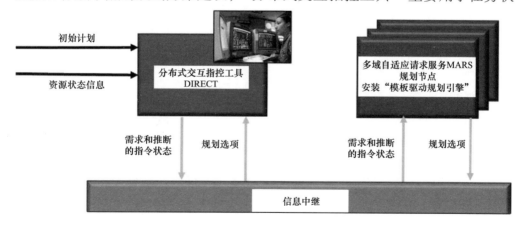

图1 "分布式规划自适应架构"示意图

态监控分析，根据指挥官需求和习惯，对大量规划方案建议进行排序，并通过可视化界面比较当前任务规划和建议方案。

（一）"多域自适应请求服务"自动生成规划方案

"多域自适应请求服务"采用去中心架构和在线交易算法，根据作战任务目标和杀伤链授权，在作战全域匹配指控节点和作战节点（感知、武器、非动能杀伤、通信等），高效协调大量平台同步执行不同任务。使用时，"多域自适应请求服务"部署至所有指控节点和作战节点——指控节点将作战意图分解成具体的能力需求，发出任务需求"招标"；作战节点根据本部队能力和任务计划给出响应方案。指控节点综合所有响应方案，给出若干任务规划方案建议；所有作战节点均安装"模板驱动规划引擎"组件，在当前任务计划中插入新任务指令。使用"分层任务网络"构建任务模板，描述满足任务需求的任务指令和资源要求、预期时限等；使用"简单时间网络"方法检测任务时间约束并消除冲突。

"多域自适应请求服务"软件测试结果表明，为作战飞机自动规划毁伤评估任务，在15~34秒内为25~100架飞机完成任务规划方案调整，满足60%~70%的毁伤评估需求，可有效节约ISR装备资源。

（二）"分布式交互指控工具"监控任务状态并推荐规划方案

"分布式交互指控工具"主要包含三个功能组件：一是"有序、可组合计算分析管理器"，利用流数据分析平台推断任务状态，可应用物理计算模型保证推断准确度，以满足不同作战域新装备、新任务对任务监控的需求；二是"自适应选项排序"，通过统计分析指挥官历史操作数据自主学习指挥官偏好，得出评估因子权重，对多种任务规划建议方案进行排序；三是"可视化任务命令"，提供可视化界面（图2），包括可选方案列表、时间表视图、地图视图。其中可选方案列表列出了每个规划方案建议及其典型评价参数，如机动距离和时间等；时间表视图和地图视图可从时间和路线两个维度显示当前任务状态，以及当前规划和新方案的区别。

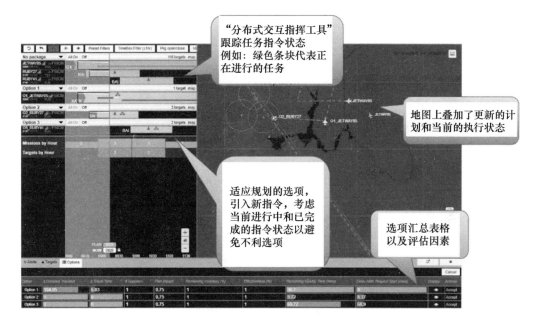

图2 "分布式交互指控工具"可视化界面

"分布式交互指控工具"中"自适应选项排序"功能测试结果表明，在目标数量1~3个、装备数量最多10个的任务场景中，软件将指挥人员最优选方案排序至第一位的成功率达80%，有效保证推荐方案符合操作者需求。

三、影响分析

分布式跨域自适应任务规划将用于实时构建杀伤网，将极大增强美军联合全域作战与分布式作战的敏捷性和复杂性，并大幅提高战场资源利用率，使对手陷入作战决策困境。

（一）将显著提升美军作战敏捷性

分布式跨域自适应任务规划技术将大幅提高强对抗战场环境的态势感知能力，并根据战场实时态势快速形成作战前、中、后任务规划与评估任务风险，分析作战效果。该技术可将任务规划速度至少提升一个数量级，以有效把握稍纵即逝的交战机会，及时应对突发威胁。

（二）将大幅提高战场装备运用效率

分布式跨域自适应任务规划技术可灵活调配跨域、不同类型、分布式部署的大量武器装备，实现不同系统面对威胁时快速、智能聚集与分散，并将所有杀伤链功能分布到不同域的各种平台与弹药上，形成动态调整杀伤网体系。该技术将充分运用多种武器装备不同作战能力，以及待命装备的冗余资源，显著提升战场上整体装备运用效率。

（三）增加作战敏捷性并形成复杂战场态势

分布式跨域自适应任务规划技术将显著降低指控规划工作的人员和设备需求，支撑指挥控制节点分布式部署与下放，加强整个指控体系的抗毁性和灵活性，令对手难以识别其关键节点或关键链路，体系破击难度剧增。该技术将极大提升美军未来联合全域作战的敏捷性和协同效率，形成"防不胜防"的复杂战场态势。

四、结束语

分布式跨域自适应任务规划是美军着眼高端战争先进作战管理与指挥控制的重要辅助决策技术，其取得的技术突破，是美军实现分布式作战、联合全域作战、马赛克战等新型作战概念的重要技术里程碑；美军实现新型作战概念关键技术包括网络、数据链、人工智能、软件与算法、体系架构、通信等庞大的技术体系，其技术整体实现突破将是一个漫长的过程，但其探索实践值得深入关注与研究思考。

（航天科工集团第三研究院三一〇所　宋怡然）

美国国防高级研究计划局"灵巧波形射频定向能"项目分析

2021年2月26日,美国国防高级研究计划局(DARPA)微系统技术办公室发布了"灵巧波形射频定向能"(WARDEN)项目招标,项目拟进行目标毁伤效应计算建模和预测,通过调制频率、幅值和脉冲宽度,灵活调节高功率微波电磁脉冲的波形,提升后门耦合攻击的作用距离和效果,增强高功率微波对复杂外形目标内部电子组件和电路的干扰和破坏效果,使其能够更好满足反无人机、车辆或舰船干扰、电子攻击和导弹防御等作战的应用需求,如图1所示。

一、项目背景

目前,美军成功完成2008年启动的"反电子高功率微波先进导弹"(CHAMP)项目,标志着美军高功率微波导弹武器关键技术取得了突破性进展,实现了高功率微波战斗部小型化、轻型化,并成功与巡航导弹集成。但该高功率微波导弹使用效能与实战需求仍有差距,美军开展了一系列

CHAMP 后续研发项目，包括 2013 年启动的"超级－反电子高功率微波先进导弹"（Super CHAMP）项目与 2017 财年美国空军与海军联合实施的"高功率联合电磁非动力打击"项目（HiJENKS）等，旨在提升作战效能、拓展作战使用范围。

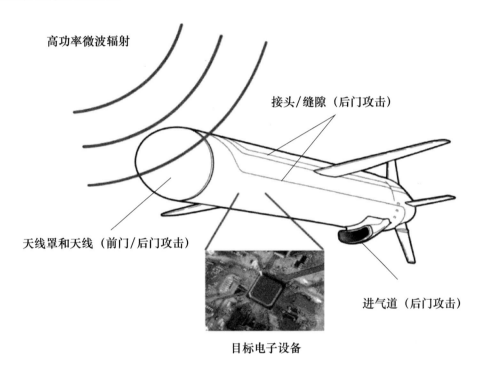

图 1　高功率微波武器作战示意图

由于当前高功率微波系统是使用振荡器生成电磁脉冲，其脉冲频率范围较窄，缺乏频率捷变能力，难以优化波形以最大程度毁伤电子系统。同时，高功率微波系统振荡器产生的峰值功率也已接近其物理极限，难以继续提高。因此，2021 年初，DARPA 提出了 WARDEN 项目，开发波形捷变技术，研究低功耗、更加高效的高功率微波杀伤技术，拟通过技术创新提升高功率微波武器的作用距离和毁伤效果。

二、项目现状

WARDEN 项目计划于 2021 年 10 月正式启动，开展为期 48 个月的研发活动。三个技术领域单独签订合同，各技术领域研究均分为三个阶段。项目总经费预计 5100 万美元，2021 财年批复预算 600 万美元，2022 财年申请预算 1500 万美元。

（一）项目进展

2021 年 11 月，DARPA 授出 WARDEN 项目启动合同，进行高功率微波武器的硬件、理论和计算模型研究，以增强其后门攻击的作用距离和毁伤效果。WARDEN 项目将利用最新的试验技术和建模方法，形成高功率微波毁伤预测的计算框架。并在研究射频效应预测中使用机器学习技术，以生成更具杀伤力的高功率微波波形。

（二）项目内容

WARDEN 项目拟研制稳定、高功率、宽带行波管放大器和创新性灵巧波形技术，以改善电磁耦合效果、增强对目标电子设备的打击效果，拟通过 4 年研究将当前高功率微波武器的后门攻击作用距离提升 10 倍。其研究内容主要包括三个方面：一是研发采取灵巧波形的高功率微波行波管放大器；二是研究快速预测电磁场时空分布变化的电磁响应数字仿真与快速评估技术；三是在目标电子设备上形成破坏效应的灵巧波形生成技术。

1. 高功率微波行波管放大器

WARDEN 项目将研制与验证首个高功率微波宽带行波管放大器。该放大器频率灵活，可处理瞬发宽频高功率微波，最大限度地将电磁能量耦合到目标电子器件中，形成毁伤效应。尽管实际使用波形可能不会覆盖放大器的整个工作频段，采用宽频放大器，可根据目标不同更加灵活选择载波频率，以获得更好的电磁耦合效果。此外，该行波管放大器还要支持波形调制，降低毁伤电子器件所需的电磁辐射阈值。

2. 电磁响应数字仿真与快速评估（RANGER）技术

WARDEN 项目将开发相关物理模型，快速预测电磁波耦合到复杂外壳的过程，以及目标内部电子器件上的电磁场时空分布，进行作战运用的灵巧波形分析、波形时域仿真。开发的仿真环境能够对多种尺寸和不同材质目标进行仿真，并可对目标内部材质和结构布局进行仿真，还可对目标内外部电势场和电场进行预测。

3. 灵巧波形开发

主要研究电磁脉冲对目标内部电子设备的作用机理，以及对目标系统运行的影响，运用最新试验技术和建模方法，开发适用于各类目标系统的建模架构，以预测高功率电磁脉冲效应。对基础元件、PCB 电路板、子系统的电磁脉冲响应进行分析，实现多类电子目标的建模。通过多频率合成、振幅/脉宽调制生成灵巧波形，并进行演示验证，确定对目标内部电子元件造成最大程度破坏的波形。

（三）项目预期效果

预计 WARDEN 项目完成研发目标后，将使高功率微波武器打击距离提升 10 倍以上，大幅提升高功率微波武器打击范围（图 2）；并使高功率微波武器可有效打击多类战场目标，提升高功率微波武器的实战化水平。

三、几点认识

（一）经过多年持续研究与发展，美国高功率微波武器技术接近成熟

美国 20 世纪 90 年代开始将高功率微波武器列为重点发展方向，在前期理论突破基础上进行了工程化研究，并制定了明确的高功率微波武器路线图，加大投入力度。近年来，美国提出了多个高功率微波武器研究项目，进行持续深入的应用研究。在2012年10月空军研究实验室与波音公司成功完成的"先进反电子设备高功率微波导弹"（CHAMP）首次作战飞行试验中，试验中成功地毁坏了目标电子设备。随后，进一步通过"高功率联合电磁非接触打击"（HIJENKS）项目，对CHAMP存在的作战应用问题、多目标适应性等问题进行研究。这些针对性研究项目，使得美国高功率微波武器技术日趋完善。

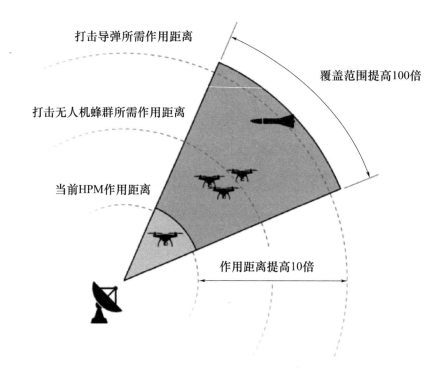

图2　WARDEN项目将大幅提升高功率微波武器打击范围

（二）最新研究旨在解决实战化问题，以大幅提升高功率微波武器作战成效

WARDEN项目旨在针对高功率微波武器与实战需求的差距，解决高功率微波武器在基础理论上仍然存在的问题。对作用机理和过程进行建模与仿真，拟设计出最优的波形，降低功率需求、提高多目标适应性，以解决作用距离不够、效果不稳定的问题。该项目研发成果，将使高功率微波武器系统可根据探测到的目标，进行快速建模仿真，并发射针对当前目标最有效的高功率微波辐射，大幅提升高功率微波武器的战场适应性。

四、结束语

电磁脉冲武器是美军探索了数十年的新概念武器，一旦形成实战能力，对美军具有重大意义。作为当前研究重点的高功率微波武器，其具有极大的杀伤力，常规爆炸杀伤或电子干扰难以比拟，可以覆盖战区关键节点与区域来杀伤敌网络与电子系统，未来将严重威胁敌军战场前沿作战平台、军事基地网络和电子设备。正如该高功率微波导弹项目负责人指出的，"这项技术标志着现代化战争新时代的来临"。

首先是将在战争中起到战术威慑作用。电磁脉冲导弹可在目标上空待机盘旋，对敌方电子信息系统具有扰乱降级、瘫痪、物理毁伤等效应，其杀伤力是常规爆炸杀伤或电子干扰难以比拟的。其次是电磁脉冲武器在攻防对抗中，效费比优势突出。

（中国航天科工集团第三研究院三一〇所　朱爱平）

美国空军成功完成"迅龙"托盘弹药系统实弹投射试验

2021年12月16日,美国空军成功完成"迅龙"托盘弹药系统首次实弹投射试验。试验中,MC-130J特种作战飞机模拟的"武库机"成功发射1枚远程巡航导弹,并命中海上靶标。此次试验大幅提高美国空军运输机等空中支援平台的远程打击能力。

一、项目概述

美国空军"迅龙"托盘弹药系统主要由弹药托盘、制导弹药、托盘控制计算机、降落伞等构成(图1)。其中,弹药托盘用于装载制导弹药,有4联装、6联装和9联装等多种规格;制导弹药用于打击敌方目标;托盘控制计算机用于为制导弹药更新任务/目指信息;降落伞用于弹药托盘与飞机的分离,制导弹药与弹药托盘的分离。该项目旨在改装现役运输机,使之携带大量远程防区外打击武器,大规模打击目标,作为美军现役战斗机和轰炸机远程打击火力的重要补充,使其用于打击更多高价值目标,提高美军的作战灵活性和战略威慑力。

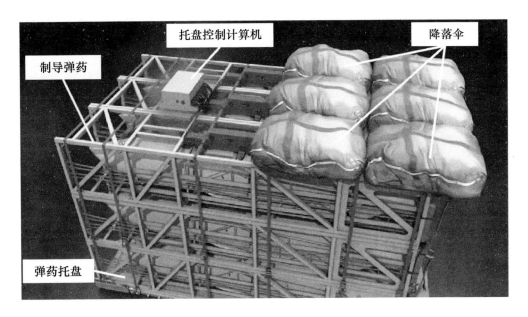

图1 "迅龙"托盘弹药系统构成示意图

（一）发展背景

美国空军一直谋求发展运输机载弹投放能力，早在越南战争、海湾战争、阿富汗战争中就成功运用，当时主要是通过改造C-130运输机和CH-54直升机投射近程炸弹。2017年，特朗普政府上台，将国防战略转向大国竞争，美军装备建设以应对中俄"反介入/区域拒止"系统为重点，开始加强远程防区外打击力量建设。

2019年底，美国空军提出发展托盘弹药系统项目。托盘弹药系统出自美国空军运输机长期使用的货运拖盘弹药概念，利用货运托盘装置，大规模投射远程防区外打击武器，使具有较强运载能力的运输机变身为"武库机"。2021年，美国空军将托盘弹药系统项目命名为"迅龙"。

(二) 技术难点

"迅龙"托盘弹药系统项目利用成熟的空中平台进行改造，其对飞机的改装要求非常小，而且采用运输机标准空投和操作程序即可投射弹药，技术难度小，短时间内即可达到试用阶段。目前，美国空军需要解决的技术难点主要包括两大项：一是解决托盘弹药系统投射难点，即要求弹药托盘与飞机分离，以及弹药与弹药托盘成功分离，这项技术在"武库机"多次投射大量近程炸弹试验中已掌握，但实现稳定投射远程防区外导弹还需要继续验证；二是实现"武库机"与机外传感器信息联通，即解决"武库机"获取、加装和更新目标信息的难点，使其能适应复杂战场环境，可打击机动/时敏目标。

二、试验情况

2020年1月至2021年12月，美国空军进行了一系列托盘弹药系统投射试验，并授出下一阶段托盘弹药系统研发合同，开展托盘弹药系统的实弹投射试验，以及对托盘弹药系统投射不同类型弹药进行评估。

（一）导弹模拟器投射阶段

2020年1—2月，美国空军运用MC-130J特种作战飞机和C-17运输机完成了5次托盘弹药系统投射试验，实现了弹药托盘与飞机分离、远程巡航导弹模拟器与弹药托盘分离的试验目标；2020年9月，美国空军成功演示了指控托盘弹药系统的能力，试验通过"多域指挥与控制"系统的"超视距通信"系统，将目标信息传输给C-17A运输机，并提示投射托盘弹药系统。

2021年3月，美国空军运用MC-130J特种作战飞机成功投射了1个

AGM-158B 导弹箱；2021 年 5 月，美国空军验证了通过"全域作战实验中心"与"防区外武器应用中心"为 MC-130J 特种作战飞机的 AGM-158B 导弹模拟器传递与更新目标数据，使 MC-130J 特种作战飞机实现了模拟发射远程防区外导弹；2021 年 7 月至 8 月，美国空军运用 C-17A 运输机和 EC-130J 心理战飞机模拟"武库机"，两次成功完成了系统级托盘弹药投射试验，"武库机"不仅连续试验投射大型远程打击武器模拟器，评估了运输机批量投射远程打击武器的作战能力，而且通过超视距指控节点接收远程防区外导弹目标数据，更新打击目标信息的能力。

（二）试验弹投射阶段

2021 年 11 月 3 日，美国空军运用"武库机"成功完成托盘弹药系统试验弹投射试验，该试验弹为无战斗部、无动力的远程巡航导弹。试验中，MC-130J 特种作战飞机在到达预定空域后，其机载作战管理系统接收到通过超视距指挥控制节点传来的目标数据，随后，机载作战管理系统将目标数据传输至托盘弹药系统并启动发射程序，托盘弹药系统从飞机释放后随即打开降落伞保持平稳，不久其上 1 枚远程巡航导弹试验弹和 3 枚远程巡航导弹模拟器成功与弹药托盘分离，且远程巡航导弹试验弹与远程巡航导弹模拟器互不干扰。此次试验"武库机"首次实现了机载作战管理系统通过超视距指挥控制节点为远程巡航导弹试验弹更新目标。

（三）实弹投射阶段

2021 年 12 月 16 日，美国空军成功进行"迅龙"托盘弹药系统实弹投射试验，命中并摧毁目标。与此同时，美国空军还计划于 2022 年运用 C-17A 运输机进行"迅龙"托盘弹药系统实弹投射试验，推动其从研发原型向作战原型转变。未来，美国空军还将对"迅龙"托盘弹药系统项目进行扩展，使其可发射多种类型、多种效能的弹药，进一步提高美军"武库机"的打击能力。

三、影响分析

美国空军"迅龙"托盘弹药系统项目主要作战目的是针对大国，大规模提高各种射程精确打击武器投送能力，保证美军在强对抗环境下具有压倒性空中打击优势。

（一）大幅提高美国空军防区外火力打击规模和密度，以打击分布广泛、规模庞大的大国目标

美国认为，中俄国土面积庞大，美国要保证未来高威胁环境下精确打击的绝对优势，应拥有大规模火力投送能力，当前其轰炸机和战斗机载弹量远远不够，依托"迅龙"托盘弹药系统研制的"武库机"载弹量远超轰炸机和战斗机，是对付"同等级别对手"的重要手段。目前，美军B-2A与B-52H远程防区外导弹最大载弹量分别为16枚与20枚，C-17A运输机最大可配装36枚。一旦托盘弹药系统信息联通与指控难题解决，"武库机"将具备大规模打击敌地海面固定/机动目标的能力。

（二）大量发射远程防区外导弹，将为打击"反介入/区域拒止"系统"带来新的动力"

美国空军认为，一旦中美在西太平洋爆发大规模战争，美军将遭遇中国一体化防空反导与远程导弹的"反介入/区域拒止"，投射远程防区外导弹将更为安全，但运用轰炸机携带远程防区外导弹实施打击，不仅效率低，而且当前美军轰炸机数量有限，将数量更多的运输机充当轰炸机执行空袭任务，是应对的关键手段。依托"迅龙"托盘弹药系统研制的"武库机"携带远程防区外导弹，从第二岛链起飞，或通过空中加油从美国本土起飞，可打击敌地海面固定/移动目标,弥补美军现役轰炸机数量不足的弱点,增强美军远程打击能力。

(三)使美军精确打击体系更具灵活性和弹性,但载机生存能力有限

"迅龙"托盘弹药系统载弹量大,可携带多类型精确制导弹药,使美军精确打击体系能够执行多样化打击任务。"迅龙"托盘弹药系统同时携带直接打击武器、中近程打击武器、远程打击武器,以及多用途打击武器,可实施齐射攻击、协同攻击,以及防区内打击与远程防区外打击等;更加适合携带大尺寸空射弹药,如,现役轰炸机均无法携带的"高威力空爆炸弹"(MOAB)巨型炸弹,摧毁地下坚固目标。依托"迅龙"托盘弹药系统研制的"武库机"具备运输和打击双重能力,战时可根据需要快速转换。但"武库机"机身庞大,生存能力有限,机动性和隐蔽性差,容易被击落。

(中国航天科工集团第三研究院三一〇所　耿建福)

美国海军陆战队发展新型无人车载岸舰导弹系统影响分析

2021年8月,美国海军陆战队在"大规模演习2021"中,从无人车发射2枚"海军打击导弹"(NSM),命中185千米外的海上靶船,射后快速撤离。未来,无人车载岸舰系统将成为美灵活机动实施"依岛制海"的主要手段之一。

一、发展概况

NSM最初是挪威为其海军研制的新一代高性能增程反舰导弹,2018年后,美国海军与海军陆战队先后引进该导弹。

(一) 美军引进情况

NSM是挪威康斯堡公司研发的高亚声速隐身反舰导弹,舰射型于2010年9月在挪威服役;岸防型为波兰研制,于2013年6月服役;空射型即"联合打击导弹"(JSM),可适装F-35战机内埋弹舱,计划于2023年形成初始作战能力,并装备日本和澳大利亚的F-35战机;潜射型将以JSM为基础改型研发，计划2025年装备挪威下一代潜艇。

2013年，康斯堡公司宣布要为美国海军研发舰载进攻性反舰作战的NSM。2014年，美国海军用近海战斗舰甲板上简单放置的双联装倾斜发射系统试射了NSM，成功命中180千米外的海上移动目标。2018年，美国海军正式选定NSM作为近海战斗舰和下一代护卫舰的反舰导弹。同年，美国陆军在演习中用地面托盘系统试射了1枚NSM。2019年，美国海军陆战队引进NSM，2020年用无人车成功试射。

（二）演习发射情况

本次反舰演习是在夏威夷考艾岛的太平洋导弹靶场进行的，所用无人车载岸舰导弹系统名为"海军/海军陆战队远征舰船拦截系统"（图1），配属美国海军陆战队第12陆战团。

图1 美国海军陆战队"海军/海军陆战队远征舰船拦截系统"

演习前几天，无人车载岸舰导弹系统由气垫船运输登陆，建立了导弹发射阵地。8月15日，根据远征前进基地传感器探测到的"目标"信息，第 12 陆战团制订了目标指示方案；随后无人车导弹发射箱升起，发射了 2 枚导弹并成功命中 185 千米外靶舰；为避免"对手"的反击，无人车很快转移至附近机场，登上待命的 KC-130J 运输机（图 2）。

图 2 登上 KC-130J 运输机的无人车

二、能力特点

美国海军陆战队将 NSM 配置在先进无人车上，使该岸舰导弹系统具有高机动、强突防等能力特点，可出其不意摧毁严密设防的海上目标。

（一）"海军打击导弹"强调突防能力，满足强对抗作战需求

NSM 着眼于 21 世纪的战场环境，强调强对抗突防，满足全天候反舰作战需求，具有高目标分辨率、多平台发射能力。NSM 战术技术指标如表 1 所列。

表1 "海军打击导弹"主要战术技术指标

弹长	3.48米（无助推器） 3.96米（有助推器）
翼展	1.36米
质量	350千克（无助推器） 400千克（有助推器）
射程	200千米
飞行速度	马赫数0.7~0.95
动力装置	TR-40涡喷发动机+固体火箭助推器
制导体制	GPS修正的惯性导航+地形匹配+红外成像
战斗部/引信	120千克高爆破片战斗部/可编程引信

（1）隐身性能好。NSM采用低可探测性设计，外形设计采用近似六棱柱形弹身，弹体结构广泛采用复合材料，弹体表面涂有吸波材料，同时对涡喷发动机的进气道等也进行了隐身设计，旨在最大程度减少红外和雷达识别信号以及雷达散射截面积等特征值。

（2）具备高精度目标识别能力。NSM中段采用GPS修正的惯性导航系统和激光高度计，在近岸水域还可以利用航路点和数字地形匹配进行导航；末制导采用双波段红外导引头，具备分辨率高、视场宽和探测距离远等优点，且不易受电子干扰和激光诱饵影响。导引头还配有自动目标识别软件，能有效识别敌方或中立目标。

（3）利用机动性和航路点规划有效突防。NSM可超低空掠海飞行，弹体的气动设计和高推重比使其具备良好的机动能力。导弹的武器控制系统可在5秒内生成典型的自动任务规划，手动模式下支持选择最多200个航路点，还可选择单发或齐射模式，并设定齐射导弹的目标到达时间。

（二）无人车基于现役先进车辆改进，加速新型作战能力生成

NMESIS 无人车集成了"联合轻型战术车"（JLTV）底盘、NSM 双联装发射箱及其火控系统，并配备了多种传感器。目前该无人车仍处于试验阶段，美国海军陆战队计划在 2023 年底前，将首批无人车载岸舰系统部署到近海作战团。

（1）继承现役车辆多种先进作战能力。JLTV 是美国新一代轻型战术车，具有高机动性、高可靠性、高耐久性和网络化作战能力，可在复杂地形环境下行驶，最大公路速度可达 112 千米/小时。且该车尺寸较小，可通过 C-130 运输机空运，CH-47 和 CH-53 直升机吊运，以及多种舰艇海运。

（2）确保自主性与可靠性共存。NMESIS 无人车的自主驾驶系统与导弹火控系统是两套独立系统，无人车不能自主决定发射，而是由海军陆战队员进行任务规划并执行发射任务。海军陆战队员还可利用遥控装置控制该无人车，或指挥多辆无人车跟随在一辆领车后行动。

三、影响分析

NSM 原本是挪威为满足漫长海岸线复杂作战环境而研发，美国海军陆战队采购该导弹则是为了将其分散部署于具有地形同样复杂的西太平洋第一岛链，并利用无人化配置遥控发射的突然性，有效发挥威慑与遏制作用。

（一）岛礁快速部署无人车载岸舰导弹系统，具有封锁关键航道与陆基灵活打击的双重作用

未来美国海军陆战队可通过运输机和气垫船等，在第一岛链的岛礁快速、隐蔽、分散地部署无人岸舰发射车。具备隐身能力的反舰导弹可出其

不意地从多个方位对目标舰船进行连续打击,全面封锁岛礁周围的关键航道,支持海军陆战队在强对抗环境下的远征前进基地作战;未来美军还可能有更多的导弹和制导火箭弹等集成至先进无人车,既降低作战人员的伤亡概率,也减少对后勤补给和基地的依赖性,以高效费比,为联合作战提供更加灵活的陆基火力打击和支援能力。

(二)将无人车载岸舰导弹系统部署于西太平洋地区前沿,是美太平洋威慑倡议海上压制战略的重要步骤

美国"2021财年国防授权法案",特别提出"太平洋威慑倡议",旨在提高美国在西太平洋地区的威慑力、控制力和杀伤力。该倡议提出优化前沿军力部署,调整印太地区美军大规模聚集于少数大型基地的部署方式,推进兵力分散部署和设施前置部署。美国海军陆战队选择将无人车载岸舰导弹系统部署于西太平洋地区前沿,正是美压制和削弱西太平洋地区大国"反介入/区域拒止"战略的重要步骤。

四、结束语

近年来,美军发展了多型先进空基和海基反舰导弹,并开始探索陆基发射方案,逐步构建近、中、远多射程覆盖,陆、海、空跨域协同的立体反舰打击体系,试图将我水面作战力量围堵在第一岛链内,加强其在西太平洋地区的海上控制权。

(中国航天科工集团第三研究院三一〇所　王雅琳)

美国国防科学委员会 《推演、演习、建模与仿真》报告解读

2021年1月,美国国防科学委员会发布《推演、演习、建模与仿真(GEMS)报告》(以下简称《报告》),介绍了国防部在数字工程、训练、实验和演习、战役建模/分析和战略推演5个领域,推演、演习、建模与仿真工具运用现状,并提出改进建议,使国防部从行政到作战充分发挥潜力,更快更灵活地作出更好的决策和选择。

一、提出背景

美国国防科学委员会主席迈克尔·格里芬在报告中提出,全球威胁环境不断增大:恐怖主义威胁依然存在、"反介入/区域拒止"挑战日益增多、对手展开灰色地带行动对抗美国。美国在今天所处的高度竞争和动态的国家安全环境中,需要强有力的推演、演习、建模与仿真工具,为美国国防部更快更明智的决策提供信息,并在当前和未来几年能有效应对对手威胁,以及美国在训练、系统开发、采办、威慑和作战领域面临的挑战。

为使国防部更好地利用资源和工具，国防科学委员会工作组针对国防部目前使用推演、演习、建模与仿真工具的状态，国防部政策和指南的执行等情况进行审查，确定差距、障碍，提出改进的建议。《报告》为国防部充分利用推演、演习、建模与仿真工具提出路线图，以实现更好的决策、更智能的演习和试验，最终获得更强大的军事力量。

二、主要内容

《报告》重点研究了在数字工程，训练，实验和演习，战役建模和分析，战略博弈，使能技术支持，推演、演习、建模与仿真管理等七个领域的工具使用现状，并提出了相应的建议。

（一）数字工程

国防部已经在数字工程开展了相关工作，数字工程也为国防部充分利用推演、演习、建模与仿真工具、大规模高效生成作战能力提供了必要的基础。国防部全面采用数字工程不需要对采办流程进行重大改变，但是，需要进行一些调整，特别是国防部的评估和审查流程。

工作组提出几点建议：一是建议国防部负责采办和维持的副部长调整采办流程和合同里程碑，以及要求承包商提交数据格式的成果；二是建议各军种采办主管都要投资数字工程基础设施，在各个层级纳入严格的数字工程，最大化优势和未来能力的再利用；三是建议军种采办人员主任培养一支精通数字工程技术的政府团队，既要监督系统开发，又要进行政府生命周期工程。

（二）训练

各军种的训练能力长期受益于推演、演习、建模与仿真工具的使用和创新。虽然作战司令部努力开展联合训练，但是目前大多数演习都是由特定情景的军种领导负责。要想实现全域协同作战，就需大幅改进训练。

工作组提出几点意见：一是建议国防部长、参谋长联席会议主席和联合参谋部作战计划与协调部向各军种提供激励、指令和支持，推动联合训练、更能体现"我们将如何作战"（包括使用工具）；二是建议国防部负责情报和安全的副部长、国防部负责研究和工程的副部长以及国防部负责采办和保障的副部长确保各军种之间在地方训练方面的必要联系，并为主要研究和工程现代化目标增加创新训练技术；三是建议各军种确定特定的仿真，可以在主要训练中心进行高质量训练，又可以在地方操作；四是建议联合参谋部作战计划与协调部主任为联合多域训练制定规划和监督，如印太司令部概念。

（三）实验和演习

工作组赞同美国 2018 版《国防战略》提出的要"通过实验、演习和训练，验证新的作战概念，以取得战略优势"的呼吁，并提出国防部必须在联合军种/合作伙伴层面重振基于联合概念的实验，采用基于战役的方法更迅速地提供新的作战方式，并结合新的能力来应对同等对手带来的长期挑战和新出现的威胁。

工作组主要建议国防部负责研究工程部和联合参谋部作战计划与协调部主任担任指定的高级部门主管，监督基于概念的实验能力在国防部内的发展。包括注重颠覆性联合作战概念、通过试验反复完善概念和能力、将联合作战问题和理念融入正在进行的军种实验、赞助军种以外的联合概念实验。

（四）战役建模和分析

国防部目前的战役模型可为决策提供信息，特别是在军事部门中，然而，这些模型在关键领域存在不足。特别是，它们无法有效解决国防部行动面临的多域安全环境的复杂性，而且没有提供快速分析的能力，为决策者提供信息。

工作组提出几点建议：一是建议军事部门与成本评估和项目评价办公室合作，投资补充性战役分析研究，增加对及时、简单的定性/定量模型的重视；二是建议国防部负责研究和工程部和国防高级研究计划局建立研究计划，投资下一代战役建模架构和工具，如人工智能和机器学习等；三是建议联合参谋部部队结构、资源及评估部与军种合作，积极制定联合作战概念，推动战役建模和分析并为资源分配提供信息。

（五）战略推演

美国在冷战期间很好地利用了战略推演技术——长期进行"行动－反制"评估。当今美国面临先进的大国对手，国防部需重振战略推演。

工作组提出几点建议：一是建议国防部长要求净评估办公室每年进行两次，为期一周的场外路径推演，并建议国防部负责研究和工程部开发相关的路径推演工具；二是建议国防部利用新的技术和分析法，重新建立战略推演能力，以更好地评估对手目标，以及大国竞争时代对美国行动和举措的潜在反应；三是建议全政府采取全参与方式，建议国防部率先将战略推演扩大到美国政府相关部门。

（六）使能技术支持

《报告》重点关注推演引擎和合成环境两项使能技术。《报告》认为商业推演引擎可加速推演、演习、建模与仿真工具的开发，健壮的合成环境可以增强数字模型的实用性。工作组发现国防部一些部门正在使用这些技术，但基本上属于临时性的。

《报告》建议：一是从新兴的国防市场、国防技术信息中心运维，以及清点国防部资产库,包括清点参考模型、图书馆资源和可重复使用的推演工具,使推演、演习、建模与仿真成本降低、进度加快;二是国防部采办和保障部、国防部研究和工程部、作战试验和评估部门,以及军种采办部门的主管人员应明确技术需求、确定使能技术,将兼容性合成环境作为新产品和重大升级交付成果之一,在整个国防部内重复使用。

(七)推演、演习、建模与仿真管理

《报告》认为美国国防部当前的管理结构不适用推动推演、演习、建模与仿真工具在全部门普遍使用;国防部需要变革管理结构,促进推演、演习、建模与仿真工具的使用,以及塑造普遍使用上述工具文化环境。

三、影响分析

(一)充分利用推演、演习、建模与仿真工具,可加速美军联合全域作战概念实现

美国国防部各部门,尤其是各军种,通过充分利用推演、演习、建模与仿真工具,并进行人工智能和机器学习等新兴技术的融合,可加速建立强大的联合全域训练能力,从而推动联合全域作战概念试验和演习,以最终实现联合全域作战,使对手陷入多重困境,增加其应对的战场复杂性。

(二)充分提升实验、演习和训练能力,推动美军新作战概念演示验证

新的作战概念可行性和有效性不能从官方文件中确定,必须通过反复的实验、演习和训练进行测试,以发现这些概念的优势和弱点,并试图掌握新的作战概念下作战缺陷和不足。国防部通过重新发展基于概念的实验、演习和训练,不断改进和提升能力,推动美国新的作战概念演示验证。

(三)充分发挥战略推演优势,推动美国更好地应对大国竞争

美国在冷战期间对于战略推演技术的运用使其获得了优势。美国实施大国竞争战略面临了诸多挑战,应重振战略推演。利用战略推演分析更大的、时间更长的威胁、评估对手目标、现状和能力,通过充分发挥战略推演优势,将其扩展到国防部各个部门,实现美国更好地与大国竞争。

四、结束语

美国国防科学委员会发布此《报告》,分析了国防部使用推演、演习、建模与仿真工具的现状,并呼吁进一步扩大推演、演习、建模与仿真工具的影响,使国防部从行政到作战充分发挥工具的潜力,为美国国防部更快更明智的决策提供支撑,以应对未来在威慑、训练和开发等方面面临的挑战。

(中国航天科工集团第三研究院三一〇所 王彤)

美军"北方利刃 2021"演习概况与分析

2021年5月3—14日,美军在阿拉斯加及其周边地区举行了"北方利刃2021"联合军事演习。美国空军、海军、陆军及海军陆战队1.5万名官兵、6艘舰船和240余架各型飞机/无人机参加演习。参演部队围绕深化"联合全域作战"概念,构建全域联合指挥与控制体系,强化未来强对抗环境下的作战能力,展开了为期12天的多科目密集演训活动。此次演习充分展示了美国对竞争对手实施军事威慑,加快创新战术、战法,保持军事技术优势以应对未来挑战的战略意图,具有鲜明的针对性。

一、演习基本情况

"北方利刃"演习的历史可以追溯到1975年,是冷战时期美军为了应对苏联在阿拉斯加方向的威胁而组织实施的联合演习,目的是使各军种适应北方的气候条件和战场环境,最初一年一度,后改为两年一次,成为美军固定举行的重要演训活动之一。"北方利刃"演习以美国空军为主,美国海军、陆军和海军陆战队也有参与配合,尤其是进入21世纪后,其他军种的参与程度持续加深，呈现出多军种密切协同和联合作战的特点，这种特点在本次"北方利刃2021"演习中表现得尤其明显。

（一）演习背景与主题

首先，近年来，中俄在"反介入/区域拒止"作战能力上的持续进步，让美军感受到很大的威胁；其次，本次军演也针对近年俄军在阿拉斯加和北极方向的频繁军事活动，美国军方声称，2020年俄军机飞越阿拉斯加空域的次数超过冷战结束以来的任何一年；最后，自2016年以来，美军不断推进新型作战概念的开发和论证，从"多域战"到"联合全域作战"（图1），需要对新装备、新技术和新战法进行演示和验证，而"北方利刃"联合军演就是一个绝佳的场合。

图1　美军提出的"联合全域作战"概念在于将海、陆、空、天、网等全作战域的力量整合为一体来实施联合作战

本次军演围绕高端和真实的战场环境战斗机空战展开，尤其强调在强电子干扰条件下四代及五代战斗机的态势感知和联合进攻能力，以及各军种间互操作能力，以达到能够从全作战域获取信息并相互支援的水平，推

进联合作战能力建设,从而提高参演部队的战备水平。此外,美军还要通过此次演习为完善软硬件和战术系统提供有力支撑,为印太司令部空军将战法融入新型作战概念提供经验指导。

(二)演习组织、参演部队及装备

"北方利刃2021"演习由美军印太司令部发起,太平洋空军司令部组织实施,印太司令部责任区以及美国本土的空军、海军、陆军及海军陆战队约15000名官兵参加演习,是近年来"北方利刃"系列军演中规模较大的一次(图2)。演习区域主要在联合太平洋阿拉斯加综合训练场、阿拉斯加湾和临时划定的区域,涵盖了从阿留申群岛到阿拉斯加半岛约15万千米^{2}的空域和约13万千米^{2}的海域。演习将依托多处军事基地、民用及两用机场进行,包括埃尔门多夫-理查德森联合基地、埃尔森空军基地、艾伦陆军机场、泰德·史蒂文斯国际机场和朱诺国际机场等。

图2 参加"北方利刃2021"演习的F-15C战斗机

参加此次演习的美国空军部队及装备包括第53联队下属第28、85测试评估中队,装备F-15EX"鹰Ⅱ"、F-15C"鹰"、F-15E"打击鹰"战斗机；第422测试评估中队，装备F-35A"闪电"Ⅱ战斗机；第556测试评估中队，装备MQ-9"死神"无人机；第49测试评估中队，装备B-52H"同温层堡垒"战略轰炸机；第96测试联队第40测试评估中队，装备F-15C/E战斗机；第9侦察机联队，装备U-2"龙夫人"高空侦察机；以及空中国民警卫队第174攻击机联队，装备MQ-9"死神"无人机。

参加此次演习的美国海军及海军陆战队包括"西奥多·罗斯福"航空母舰打击群、"马金岛"两栖戒备群和第15陆战队远征部队的部分舰只和单位，参演主要装备包括尼米兹级核动力航空母舰"西奥多·罗斯福"号、提康德罗加级导弹巡洋舰"邦克山"号、阿利·伯克级导弹驱逐舰"拉塞尔"号、黄蜂级两栖攻击舰"马金岛"号、圣安东尼奥级两栖船坞登陆舰"圣迭戈""萨默赛特"号6艘舰艇等。其中，"西奥多·罗斯福"号航空母舰搭载的舰载第11航空联队装备F/A-18E/F"超级大黄蜂"战斗机、EA-18G"咆哮者"电子战飞机、E-2C"鹰眼"预警机和MH-60"海鹰"直升机等（图3）。

图3 "西奥多·罗斯福"号航空母舰航行在阿拉斯加湾参加"北方利刃2021"演习

参加此次演习的美国陆军包括第25步兵师第4步兵旅战斗队（空降）、第17野战炮兵旅及2个航空营。

二、演习的主要内容

此次演习，美军着眼于推进"敏捷快速战斗部署"作战概念，以测试新装备、演练新战法、验证新技术，安排了大量具有针对性的演训科目，对多种作战平台和作战装备进行接近实战环境的检验，对多种创新性战术战法实施演练。在此基础上，又通过与海军、陆军及陆战队的协同配合对未来组织"全域联合作战"进行了探索。

（一）美国空军演习活动

美国空军对多种战斗机和多种机载新装备进行了测试，对高超声速武器杀伤链集成，第四、五代机新的电子攻击战术战法进行了演练，以加强各军种跨域协同联合作战能力。

（1）测试强电子对抗环境下装备性能。F-15EX"鹰"Ⅱ战斗机首次亮相（图4），作为F-15系列战斗机的最新升级型，于2021年3月交付空军。第85测试评估中队通过对2架F-15EX的测试数据的收集，对战斗机在GPS定位系统、机载雷达以及Link-16作战数据链受到干扰的强电子对抗环境下的表现进行了评估，还对该战斗机的"鹰"式被动/主动预警生存系统、综合雷达系统、驾驶舱和数字头盔显示系统的性能进行测试，并检验了F-15EX与第四、五代战斗机的互操作性。

F-15C携带"军团"红外搜索跟踪吊舱，可为作战平台提供辅助目标捕获手段，尤其在机载雷达系统受到干扰而无法发现目标的情况下发挥重要作用。演习显示"军团"吊舱在密集的电子攻击威胁环境下可以有效运用,这是该吊舱在实际部署前的最后测试。

图4 参加"北方利刃2021"演习的F-15EX战斗机在进行测试飞行

第422测试评估中队对F-35A战斗机搭载30P06软件套件在真实威胁环境下的运用情况进行了测试评估,提出了如何降低雷达反射截面的改进建议;同时,还测试了F-35与第四、五代战斗机的电子攻击战术、技术和程序,以及在阿拉斯加湾与海军舰艇、战机的战术协同和联合互操作能力。

MQ-9"死神"无人机搭载新型吊舱,包括加固的目标瞄准吊舱和"死神"防御电子支持系统吊舱,演练收集战场地理定位信息,确保载机在强对抗环境下与潜在威胁保持安全距离等科目。演习还评估了MQ-9经过升级的抗干扰反诱骗系统,以减轻GPS受到干扰时对平台造成的潜在影响。

(2)探索联合全域作战能力。空中国民警卫队第174攻击机联队利用MQ-9测试了3种新型吊舱,旨在将MQ-9集成到全域指挥与控制系统中。其中"自由"吊舱,使用机间/机队内飞行数据链(IFDL)、多用途先进数据链(MADL)、16号数据链和战术目标网络在四代机和五代机直接建立通信和数据交换联系;"罗塞塔回声先进载荷"(REAP)吊舱,通过改善和地面系统的数据传输增强目标指示能力;"中线"航电吊舱,可以在MQ-9上集成人工智能等原始设计中不具备的硬件设备。

第9侦察机联队的U-2侦察机在演习中充当了战场情报、监视与侦察的关键角色(图5)。第53联队称U-2在演习中进行了通信网关测试,通过机载转换器使F-22和F-35战斗机实现数据链的双向通信。

图5 "北方利刃2021"演习期间,U-2侦察机从"西奥多·罗斯福"号航空母舰上空飞过

除了上述作战平台和装备的测试评估外,美军还重点演示联合全域指挥与控制系统的运作,演习内容包括运用SpaceX星链和远程卫星终端提供的天基互联网能力,以及电磁频谱领域的不同技术。

(3)实现高超杀伤链闭合模拟实验。第49测试评估中队的B-52H轰炸机在巴克斯代尔空军基地与埃尔门多夫-理查德森联合基地之间进行了一次长达13小时的远程往返飞行(图6),B-52H从1000海里①外的埃尔

---

① 1海里=1.852千米。

门多夫-理查德森基地接收目标信息,对 600 海里外的目标模拟发射 AGM-183 高超声速导弹,完成了高超声速武器杀伤链闭合模拟试验。

图 6 参加"北方利刃 2021"演习的 B-52H 轰炸机在地面加油

(二) 美国海军及海军陆战队演习活动

"西奥多·罗斯福"号航空母舰在阿拉斯加湾海域进行了 300 余次舰载机起降和回收作业(图 7),累计飞行时间 850 小时。第 1 巡逻机中队的 P-8"海神"巡逻机进驻埃尔门多夫-理查德森基地,为演习部队提供海上巡逻、反潜战、反水面战、情报监视与侦察,以及陆地搜救等方面支援。"马金岛"两栖戒备群和第 15 陆战队远征部队的舰只在阿拉斯加训练场进行空中机动和两栖登陆演习。海军陆战队第 164 中型旋翼机中队协助后勤支援单位在冷湾建立了前沿弹药燃油补给点,为来自各军种的作战飞机提供了约 85000 磅①燃料。

---

① 1 磅 = 0.454 千克

图7 "北方利刃2021"演习期间,"西奥多·罗斯福"号航空母舰进行舰载机降落作业

(三) 美国陆军演习活动

美国陆军在艾伦陆军机场进行了一次空降行动,第4步兵旅战斗队第501伞兵团的约300名伞兵乘坐C-17和C-130运输机实施了空降(图8),

图8 在艾伦陆军机场空降着陆的第501伞兵团的伞兵

A-10C攻击机则提供近距空中支援，协助伞兵占领机场。随后，第17野战炮兵旅的M142高机动火箭系统由空运部署到冷湾，在唐纳利训练场进行了实弹射击训练，展示了联合部队快速部署实施战斗的能力。

三、分析研判

（一）试图加强北极地区军事存在，争夺北极地区利益

近年，北极地区战略价值持续上升，对北极的开发和利用日益成为国际社会关注的焦点，有关国家陆续推出北极战略，尤其是俄罗斯在北极动作频频，军事活动十分频繁，着眼于未来北极地区利益争夺。随着美俄战略博弈逐渐升级，尤其是双方在北极和阿拉斯加等地军事对抗不断加剧，美国想通过"北方利刃2021"演习加强北极地区的军事存在，借此机会，一方面加强其在北极方向的战备水平；另一方面借此向对手实施威慑。

（二）重点关注电子战能力，寻求强对抗环境下生存能力

此次演习，美军重点演练电子战能力，包括"鹰"式被动/主动预警生存系统、"军团"吊舱、30P06软件套件、"死神"防御电子支持系统吊舱等。未来战场上实现真正的"联合全域作战"，保证平台间信息高速稳定传输和数据链安全运行是先决条件，为此美国不断推进电子战装备研发、升级改进，强化和提升电子战能力，以提升强对抗环境下完成任务的同时具有高生存能力。

（三）推进新装备、新技术、新概念创新，加速实现"联合全域作战"

"北方利刃2021"演习是美军新装备、新技术和新型作战概念的试验场。演习通过测试评估成熟平台上各种新装备、新技术，如对F-15EX、新型作战吊舱等软硬件技术进行测试，以及高超声速武器杀伤链的初步检验，推进新型装备与技术创新，加快现有装备升级转型以及高超声速武器的服役；演习将空军"敏捷战斗部署"概念与海军陆战队的"远征前进基地"概念结合起来进行验证，并重点突出"联合全域作战"概念验证，谋求加速实现强对抗战场"联合全域作战"目标，持续保持军事优势。

(中国航天科工集团第三研究院三一〇所　王彤)

附 录

2021 年精确制导武器领域科技发展十大事件

一、美国吸气式高超声速巡航导弹首飞成功

2021 年 9 月,美国"高超声速吸气式武器概念"项目(图 1)成功完成空射高超声速巡航导弹首次技术验证飞行,标志着美国吸气式高超声速巡航导弹技术取得重大进展。此次试验验证了高超声速巡航导弹的气动布

图 1　高超声速吸气式武器概念图

局、碳氢燃料超燃冲压推进、热管理等关键技术。该项目由 DARPA 与美国空军联合开展，旨在发展以超燃冲压发动机为动力的空射高超声速巡航导弹原型样机。该导弹采用双模态冲压发动机，射程 925 千米，最大速度马赫数 6。此次飞行试验的成功将推进美国高超声速巡航导弹的研制进程。"高超声速吸气式武器概念"项目完成全部飞行试验后，将转化成为美国空军的高超声速巡航导弹型号，装备 F-35 战斗机或 B-52/B-1B 等轰炸机，实现美在"反介入/区域拒止"环境下对防区外时敏目标进行高速打击的作战能力。

二、美国空军成功完成"迅龙"托盘弹药系统投射试验

2021 年，美国空军多次运用 C-17A 运输机和 MC-130J 特种作战飞机成功进行"迅龙"托盘弹药系统投射试验。在 12 月的试验中，MC-130J 的机载作战管理系统通过超视距指挥控制节点接收新目标数据（图 2），并启动托盘弹药系统发射程序，托盘弹药系统从飞机释放，远程巡航导弹与

图 2　MC-130J 特种作战飞机模拟武库机投射托盘弹药系统

弹药托盘分离，命中并摧毁目标。通过此次试验验证了托盘弹药系统投射技术以及"武库机"与机外传感器信息联通技术等关键技术。

"迅龙"托盘弹药系统项目可在不对现役运输机进行大规模改装的条件下，将其打造成可大量投射防区外打击武器的武库机。武库机具备运输和打击双重能力，在战时可根据作战需求快速转换角色，补充美军战斗机和轰炸机远程打击火力的不足，使美军精确打击体系更具灵活性，大幅提升美军远程防区外火力打击能力。

三、美国空军演示验证"武器一号"数字孪生项目

2021年1月，美国空军研究实验室弹药部对"武器一号"数字孪生项目进行了演示验证（图3）。此次演示基于"灰狼"（Gray Wolf）弹群协同项目的一个24小时空中任务指令（ATO）周期模型，展示了导弹武器如何将在飞行中收集到的战场数据，通过先进战斗管理系统（ABMS）回传到虚拟数字孪生体，以及如何借助人工智能和机器学习技术评估软件的升级效果。

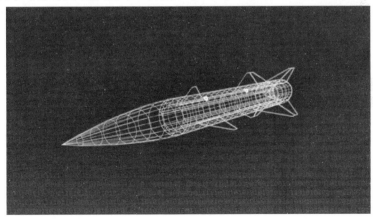

图3　美国空军"武器一号"项目概念图

此次演示展示了数字孪生技术将"软件定义"的武器交付到战场的能力，突显了数字工程对武器系统研发的巨大价值。未来，"武器一号"项目将实现虚拟数字孪生体与物理、数字孪生体的双向数据交换，推动数字孪生技术在武器系统研发中的创新应用。

四、美国完成低成本涡喷发动机核心机试验

2021年6月，美国空军"经济可承受先进涡轮技术"（ATTAM）项目，完成890牛推力低成本涡轮发动机核心机试验（图4）。试验突破了两项关键技术：一是应用新型陶瓷复合材料承受更高温度和强度；二是通过3D打印制造出更轻的换热器，提高了发动机燃烧效率、热效率和推重比。"经济可承受先进涡轮技术"项目研究内容包括先进推进技术、完整的综合动力与热管理技术等，项目第一阶段将持续到2026年，任务是研发先进涡轮推

图4 "经济可承受先进涡轮技术"低成本涡轮发动机

进、动力与热技术,并开展演示验证及转化,目标是将不同类型航空发动机的燃油效率提高 10%~30%,电力和热管理能力提高 2~20 倍,推进效率提升 10%~25%。"经济可承受先进涡轮技术"项目旨在的成果未来主要应用于无人机和低成本小型巡航导弹,以确保性能要求,同时通过降低动力系统成本增强飞行器的经济性。

五、以色列首次公布人工智能赋能导弹

2021 年 7 月,以色列首次公开"海上破坏者"智能化导弹(图 5)。该弹具有以下智能化特点:一是采用人工智能技术进行深度学习,可实现基于大数据的场景匹配,完成自动目标捕获和自动目标识别,具备在近海、远海(包括群岛)掠海或地形跟随低空飞行的能力。二是采用新型数据链,支持实时决策和任务更新,可基于预定攻击计划,根据航向点、方位角、撞击角和瞄准点选择攻击时间和攻击位置,同时还具有中途终止和毁伤评估能力。"海上破坏者"导弹集智能感知、智能识别、智能决策等先进技术

图 5 "海上破坏者"导弹

于一体,可有效提升以色列在防区外对高价值海上、陆地目标的打击能力,增强以色列在局部冲突中的应对能力。

六、英国启动弹群协同作战技术研发

2021年7月,英国国防部宣布由国防科技实验室和欧洲导弹集团合作开展"协同打击武器技术演示器"项目(图6),旨在探索通过升级弹间通信技术,使导弹系统能够协同打击目标,预计2年内完成全部工作。该项目主要研究弹群之间的通信、数据共享和协作技术,将评估多种战术和应用场景,为英国发展协同作战能力的导弹提供软件、硬件和作战应用研究基础。弹群协同作战技术可显著提升对多种威胁和环境变化的应对能力,以较短的时间、较低的成本快速提升现有武器的作战效能,如果顺利预计5年内可在英国导弹型号中应用。

图6 "协同打击武器技术演示器"项目

七、美国验证高超声速滑翔导弹固体火箭推力可调技术

2021年5月,在美国国防高级研究计划局"作战火力"项目下,航空喷气·洛克达因公司成功完成助推火箭发动机的全尺寸静态点火试验(图7),实现了按需中止推力,验证了可调推力固体火箭发动机技术。"作战火力"项目由DARPA主导,旨在开发和演示验证一种新型陆基发射系统。该项目将开发一种先进的助推系统,能够适应多种战斗载荷和多种射程要求,分为助推器和武器系统集成两大部分,助推器采用两级火箭发动机,第一级为固体火箭发动机;第二级为推力可调火箭发动机。航空喷气·洛克达因公司研制的固体火箭发动机,通过采用推力可调喷管、脉冲发动机、可再点火式推进剂等节流技术实现推力可调、可控关机。该技术将有助于高超声速导弹在飞行中调整射程,使导弹具备打击大范围内不同距离目标的能力,增强作战灵活性。

图7 第二级火箭发动机的全尺寸静态点火试验图

八、美国下一代高精度惯性测量单元精度大为提升

2021年1月,霍尼韦尔公司在DARPA资助下,正在发展"弹用精确鲁棒惯性制导"项目下一代高精度HG7930惯性测量单元,与现役HG1930惯性测量单元相比,其导航精度要提升1个数量级。该HG7930惯性测量单元动态范围大于990°/秒、零偏稳定性0.06°/小时,使用基于下一代微机电系统技术的传感器来实现高精度测量,可在不改变惯性测量单元尺寸/重量的情况下提高系统性能,实现导航领域的深层变革。该HG7930惯性测量单元目标是基于HG1930进行性能改进(图8),拟在保持尺寸、重量和功耗的同时,最终将性能提升3个数量级。

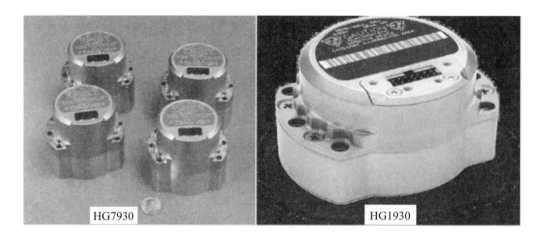

图8 HG7930与HG1930惯性测量单元图

下一代高精度导航级惯性测量单元可用于无人机、航空制导炸弹、精确制导导弹等装备,在不增加有效载荷的情况下,大幅度提高制导性能。未来可推广应用到军用导航系统、自主着陆、空管系统等多个领域。

九、美国空军完成高超声速杀伤链模拟闭环实验

2021年5月,美国空军1架B-52轰炸机在"北方利刃2021"演习期间成功模拟了从地面传感器到机载发射器的全链路高超声速武器杀伤链。演习中,B-52轰炸机通过"全域作战能力实验"(ADOC-E)系统,接收到1850千米外阿拉斯加州陆/空联合基地多个传感器发出的目标数据,随即模拟发射了1枚AGM-183A高超声速助推滑翔导弹(图9),导弹击中约1100千米处的目标,B-52H完成打击任务后返回路易斯安那州,全程历时13小时。"全域作战能力实验"是一种新型的分布式指控和数据融合生态系统,旨在实验前线的同步联合功能。此次演习成功测试了空基高超声速武器的完整杀伤链,并通过使用传感器实验数据共享与互通互联,演练了美军在基于全域作战能力指控概念下,高超声速武器的作战运用。

图9 AGM-183A高超声速助推滑翔导弹

十、美国试验高当量钻地战斗部

2021年10月,美国空军使用1架F-15E战斗机在约1万米的高空投掷了1枚GBU-72"先进5000磅级钻地弹"(图10),标志着该弹完成初步试验,将正式开展研制试验和作战试验。GBU-72为一种2270千克的重型钻地弹,其涉及的技术包括采用先进合金弹体、火箭助推钻地到积层引信、串列战斗部钻地等,主要用于打击加固深埋目标,采用GPS并辅助惯导系统。该弹在设计过程中还采用的先进建模与仿真技术,使作战部队飞行员能够尽早介入,充分发挥其实战经验提供修改意见,并据此优化武器投放程序。GBU-72钻地弹侵彻和毁伤能力较现役GBU-28钻地弹(5000磅重钻地弹,1991年服役,可穿透6米厚混凝土)显著提高,计划配备美国空军的轰炸机和战斗机机队,可用于对付朝鲜和伊朗的地下核设施。

图10 F-15E"攻击鹰"多用途战斗机进行GBU-72
"先进钻地弹"投放试验

2021 年精确制导武器领域科技发展大事记

BAE 公司发展加固型武器数据链引导高超声速武器 1 月，美国国防高级研究计划局向 BAE 系统公司授予价值 400 万合同用于发展两个武器数据链原型用于未来高超声速战术助推滑翔器（TBG）的测试和整合。TBG 项目是 DARPA 与美国空军联合项目，用于发展适用于未来空射、战术范围内高超助推滑翔系统的技术。助推滑翔器在利用火箭将武器载荷加速至高速后，载荷与火箭分离并无动力滑翔至目标处。TBG 数据链能够提供武器跟踪、火力控制以及态势感知，可以协助高超武器打击目标。

日本将大规模生产新型 ASM–3A 超声速反舰导弹 1 月，日本防卫省宣布，计划开始大规模生产 ASM–3A 超声速空射反舰导弹，该导弹采用了与在研的 ASM–3 改相同的技术，ASM–3 改是 ASM–3 的升级版本。ASM–3 作为日本 93 型系列导弹的后继产品尚未投入使用，估计最高速度为马赫数 3，最大射程为 200 千米，由三菱重工（MHI）和防卫省联合研制。目前，日本防卫省已从 2021 财年预算中获得 ASM–3A 采购资金，并继续发展 ASM–3 改，以增强日本西南偏僻岛屿的防御能力。

雷声公司将进行增程型"先进中程空空导弹"首飞试验 1 月，雷声公司预计于 2021 年二季度在挪威，对增程型"先进中程空空导弹"（AM-RAAM-ER）地空导弹进行首次飞行试验。AMRAAM-ER 的基础设计是一种混合拦截器概念，结合了 AIM-120C-7 "先进中程空空导弹"（AM-RAAM）的前端（雷达寻的制导部分，弹头）和 RIM-162 "改进海麻雀导弹"（ESSM）的后端（火箭发动机和控制部分）。这个配置于 2016 年 8 月在挪威的测试中心经过验证是成功的，使用 ESSM 火箭发动机来证明设计的概念。

美国空军研究实验室演示"武器一号"数字孪生技术 1 月，美国空军研究实验室弹药管理部最近在虚拟弹药模拟平台上进行了"武器一号"（WeaponONE，W1）演示验证工作，初步验证了数字工程的重要价值。演示基于数字孪生技术展示了"灰狼"弹群项目的效果。演示过程展示了如何从武器系统采集数据，与战场环境中的各类数据融合，然后通过先进作战管理系统（ABMS）向数字孪生系统回传。

美国霍尼韦尔公司下一代 MEMS 惯性传感器精度提高一个数量级 1 月，美国霍尼韦尔公司收到美国国防高级研究计划局的新资助，开发下一代惯性传感器技术，用于商业和国防导航应用。新的传感器比霍尼韦尔 HG1930 惯性测量单元（IMU）产品的精度高出一个数量级，但首套使用这种新技术的产品预计精度将提高 50 倍以上，而尺寸与霍尼韦尔现有的 IMU 大致相同。新的 MEMS 传感器将采用不同的传感器设计和电子技术实现更高的性能，用于军用和商用的陆、空自主载具，如未来的城市空中机动飞机。

雷声公司获 1000 万美元合同用于发展联合全域作战软件项目 1 月，美国国防高级研究计划局向雷声导弹防御部授予一份 1040 万美元的合同，用于与雷声情报太空部合作共同发展联合全域作战软件（JAWS）项目。

JAWS 项目主要提供的新性能包括能够提取重要资源的可扩展架构以及用于快速整合新传感器、通信和武器系统的任务数据依赖关系；利用可变规划周期概括和解决协同火力等事件时序的方法；以及在任意两个节点间间歇性或永久性缺失信息流的情况下保护作战性能的方法。该项合同预计将于 2022 年 4 月完成。

物理逻辑公司推出新型导航级微电子机械系统（MEMS）加速度计
1 月，物理逻辑（Physical Logic）公司推出两款名为 MAXL – CL – 3050 和 MAXL – CL – 3070 的新型导航级微电子机械系统（MEMS）加速度计，分别可提供 50g 和 70g 的加速度测量范围。新型加速度计采用闭环设计，且具有尺寸小、重量轻和功率大等特性，非常适合战术和导航级应用，如无人机和其他机器人平台等。

美国空军为"金帐汗国"项目修复软件问题 1 月，在"金帐汗国"项目首飞试验中，2 枚"协同小直径炸弹Ⅰ"由于未加载某武器软件而试验失败。1 月 14 日，美国空军研究实验室（AFRL）弹药部主任加里·海瑟表示，"过去也出现过软件安装错误的情况，我们现已更新质量审查流程，从而确保执行所有检查保证软件的正确安装。"目前，加里·海瑟正与美国空军武器项目官员一同努力，寻求与工业部门的合作机会，将该项目的协同算法应用于其他现有系统，或成为新系统早期阶段的一部分。

美国海军开始试验 NSM 导弹 1 月，美国海军宣布开始在登陆舰和近海战斗舰上测试海军打击导弹（NSM）。2021 年，NSM 导弹将在"圣安东尼奥"级登陆舰上完成安装和测试，而"独立"级和"自由"级近海战斗舰的导弹发射装置已经进行了试验。这些船只没有配备美国海军标准型导弹垂直发射装置，因此只是将 NSM 导弹安装在甲板上，以增强攻击力，而未进行结构改造。NSM 导弹为亚声速导弹，射程约 200 千米，长 4 米，重量超过 400 千克，使用组合战斗部并配备了目标识别系统。

洛克希德·马丁公司为 F-35 战机集成"远程反舰导弹" 1 月，在 2021 年美国海军水面舰队协会（SNA）虚拟研讨会上，洛克希德·马丁公司展示了配有两枚"远程反舰导弹"（LRASM）的 F-35 战机概念图。洛克希德·马丁公司发言人表示，目前正在进行 F-35 战机集成增程型"联合防区外空地导弹"（JASSM-ER）工作；同时，LRASM 导弹适配 F-35 战机的初步检测已经完成，计划的集成工作将持续到 2021 年。由于尺寸问题，LRASM 导弹无法适配 F-35 战机的内埋弹舱，只能外挂。LRASM 导弹可装备美国空军的 B-1B 轰炸机和美国海军的 F/A-18 战机，并将很快集成至 P-8A 侦察机。

美国公司为近海战斗舰制造舰舰导弹模块 1 月，美国泰勒达因技术公司获得一份诺斯罗普·格鲁曼公司 1800 万美元的合同，用于为美国海军近海战斗舰（LCS）制造另外四个舰舰导弹模块（SSMM）单元。该模块是一种模块化武器系统，可发射"长弓地狱火"导弹，并补充了机枪任务模块（GMM）。这些模块为近海战斗舰提供了附加功能，可用于防御群聚快速攻击艇或快速近岸攻击艇（FAC/FIAC），执行反海盗、海上拦截和安全任务。此模块是组成近海战斗舰水面作战任务包的 4 个模块之一，一旦系统完成，它们将与发射控制组件和其他设备集成到模块中，不仅增加了近海战斗舰可以打击的目标范围，而且还增加了其打击目标的数量。

美国海军授予 Marotta 公司合同支持 SPEAR 项目 1 月，美国海军授予 Marotta 控制公司合同，用于设计并生产一种新的"控制作动系统"（CAS），以支持"超声速推进先进冲压发动机"（SPEAR）项目。该新型控制作动系统可产生至少 8000 瓦的功率和高于 18 赫的带宽，将在 2022 年末开展的 SPEAR 项目技术验证中进行演示。

洛克希德·马丁公司加入美国国防部"平台一号"DevSecOps软件计划 2月,美国空军已将洛克希德·马丁公司加入到"平台一号"(Platform One)先进软件开发项目中,旨在加速国防任务新软件应用的开发和部署。"平台一号"是美国国防部用于未来软件开发的标准化和广泛授权的 DevSecOps 基础设施计划,将用于先进作战管理系统(ABMS)和"宙斯盾"等项目。同时,"平台一号"BOA 还可用于美国网络司令部的任务订单,包括联合网络作战体系结构 DevSecOps 开发,这对联合网络指挥与控制等多个项目至关重要。

欧洲导弹集团和德国莱茵金属公司联合开发高能激光系统 2月,德国联邦国防军装备、信息技术和现役支持办公室(BAAINBw)授予由 MBDA Deutschland 公司和德国莱茵金属 waffe 弹药公司组成的财团一份合同,旨在在海洋环境中制造、集成和支持测试激光武器演示器。据称,MBDA Deutschland 负责跟踪操作员的控制台,并将激光武器演示器连接到指挥控制系统。莱茵金属公司负责激光武器站、光束引导系统、冷却以及将激光武器系统集成到激光源演示器中。激光武器演示器将在2021年底之前进行制造、测试和集成。将于2022年在德国海军 F-124 型"萨克森"号护卫舰上进行试验。

美国空军启动弹性嵌入式 GPS/惯性系统发展和原型计划的第二阶段工作 2月,美国空军生命周期管理中心(AFLCMC)最近授予美国系统集成解决方案(IS4S)公司价值9500万美元的第二阶段合同,用于弹性嵌入式 GPS/惯导系统(R-EGI)的开发和原型项目。美国系统集成解决方案公司已成功地完成了 R-EGI 第一阶段的任务,开创了"持续竞争设计代理"(CC-DA)方法:将行业代表聚集在一起,开发了一种供应商中立的开放架构,用于定位、导航与授时(PNT)解决方案。第二阶段的团队正在使用基于模型的系统工程技术,开发一种开放式设计的模块化数字工具链,可在多个平台上通用。R-EGI 的最新的 M 码替代导航和 GPS 接收等技术将帮助作战人员获得战术优势。

俄罗斯图-22M3 轰炸机试射 Kh-32 反舰导弹　2月,俄罗斯国防工业综合体消息人士称,在导弹产品周期测试试验计划内,图-22M3 远程轰炸机试射了 Kh-32 反舰导弹,试验中导弹战技性能指标已得到确认,且有很高的命中率。Kh-32 反舰导弹主要用于打击水面目标,还能够高效摧毁包括雷达站在内的地面目标。导弹于 2016 年开始服役,其研制是为了取代图-22M3 飞机挂载的 Kh-22 反舰导弹。该型导弹配备了液体火箭发动机,以及数字电子设备(包括机载数字计算机系统、抗干扰的主/被动雷达系统以及电子干扰系统)。导弹在飞行高度超过 30 千米时,最大速度接近马赫数 5,射程为 1000 千米。

美国空军发布军码 GPS 能力合同　2月,美国空军授予 BAE 系统公司、L3 哈里斯公司和雷声技术公司 5.53 亿美元的合同,开发军码全球定位系统(GPS)技术。根据美国国防部的声明,这些合同是针对军事 GPS 用户设备微型串行接口增量 2 应用专用集成电路(MGUE Inc 2 MSI ASIC)的。

俄罗斯研制出钛合金 3D 打印设备　2月,俄罗斯圣彼得堡彼得大帝大学轻金属与结构实验室的专家团队公开了他们新研制的 3D 打印设备。该设备主要用于打印钛合金材质的零件,拥有较高的制造效率。专家表示,钛合金零件由于质量轻、强度高等优点,应用范围十分广泛。这种 3D 打印设备还可以制造钢、铝、镁、镍合金等材料的零件。不同于其他打印机,该 3D 打印设备制造过程中采用电弧融化焊丝层层堆焊的方法,设备还拥有双丝同时进给机构。

美国陆军开发可检测全射频频谱的新型量子传感器　2月,美国陆军作战能力发展司令部（DEVCOM）开发了一种名为"里德伯"的新型量子传感器，可解析射频和现实世界信号的全频谱，为士兵通信、频谱感知和电子战创造了新的可能。该系统使用激光束在微波电路上方直接产生高激发态的里德伯原子，以增强和追踪被测光谱部分。据称，该传感器可以采样从零频率到20吉赫的射频频谱，并检测 AM 和 FM 广播、蓝牙、Wi-Fi 和其他通信信号。据称，里德伯频谱分析仪在灵敏度、带宽和频率范围方面有可能超越传统电子产品的基本限制。

俄罗斯研制"小精灵"高超声速导弹 2月，俄罗斯代号"小精灵"的空射高超声速导弹将于 2023 年开始试验。该型导弹射程 1500 千米，速度可达马赫数 6，采用冲压发动机和"Gran K-02"导引头。"小精灵"导弹尺寸小于 Kh-47M2"匕首"导弹，可装备于米格-31、图-22M、苏-57、苏-30SM 和苏-35 等战机。2018 年 11 月，俄罗斯国防部与战术导弹集团签订合同，开展"小精灵"导弹的试验设计工作。

日本防卫装备厅将与三菱重工研发高超声速巡航导弹技术 2月，日本防卫装备厅的"航空系统研究中心"近期将与三菱重工集团签约，研发一些基本技术，以支撑高超声速巡航导弹武器系统建设。高超声速巡航弹技术开发将持续到 2025 年。本次合作目的是将高超声速武器项目推进到 21 世纪 20 年代中期的技术发展里程碑。

美军授予洛克希德·马丁公司 LRASM 和 JASSM-ER 生产合同 2月，美军授予洛克希德·马丁公司两份总价值超过 8.4 亿美元的导弹生产合同。其中，一份 4.28 亿美元的合同用于采购 400 枚增程型联合防区外空地导弹（JASSM-ER），以及集装箱、训练和生产准备、工具和测试设备以及硬件备件。另一份价值 4.14 亿美元的合同用于购买第 4 批和第 5 批共 137 枚远程反舰导弹（LRASM），这是该项目历史上最大的 LRASM 生产合同。

美国国防部制定高超声速技术现代化战略 3月，美国国防部已将高超声速技术确定为最优先发展的现代化领域之一。国防部制定了高超声速现代化战略，该战略包括研发空中、陆地及海面平台发射的常规高超声速打击武器；对敌方的战术高超声速打击导弹进行全面、分层的打击；利用可重复使用的高超声速系统进行情报、监视、侦察和打击；利用两级入轨飞行器的第一级来快速进入太空。该战略包括4个主要实施阶段：第一阶段是技术开发和概念演示；第二阶段是开发和演示武器系统概念原型；第三阶段是加速部署原型武器系统能力；第四阶段是创建采购和划分能力阶段计划。

美国伊利诺伊大学利用数值模拟研究高超声速流动 3月，美国伊利诺伊大学利用试验采集数据，通过数值模拟再现压缩斜坡流的高超声速流动状态。高超声速流动复杂，高能流动可产生巨大压力和热负荷。研究考虑的流动结构，包含一个产生固有不稳定分离气泡的超临界斜坡角，准确捕捉这种现象是复杂的。此次成功的数值模拟有助于更好地认识高超声速飞行器飞行时周围的现象。

DARPA授予通用电气公司"高焓孔径技术"开发合同 3月，DARPA宣布授予通用电气公司一份为期4年、价值750万美元的"高焓孔径技术"（HEAT）项目合同。HEAT项目将分两阶段展开，第一阶段将开发集成孔径材料，第二阶段将开展地面试验。具体包括三个技术领域：集成射频孔径材料、红外孔径材料以及下一代孔径材料，旨在展示一种新的材料方法和解决方案，开发可承受高超声速飞行导致的高温、冲击和振动的射频天线罩和红外线窗口，使高超声速飞行器上的射频和红外线孔径能够承受极端的高温和动态压力变化。

美国国土安全部发布用于保护关键基础设施的PNT完整性库 3月，

美国国土安全部科学技术理事会发布了定位、导航与授时（PNT）完整性库和 Epsilon 算法套件，为用户提供了验证 GPS 数据完整性的方法，防止全球导航卫星系统（GNSS）欺骗。美国海岸警卫队导航中心称，这些资源提升了 PNT 系统的设计和关键基础设施应对 PNT 中断的能力。同时，国土安全部也推荐采用整体防御策略，考虑 PNT 数据从接收到使用全过程的完整性。

美国陆军授予 Peraton 公司高超声速测试评估合同　3 月，美国陆军授予 Peraton 公司一份为期两年、价值 4400 万美元的高超声速测试工程、任务计划和系统（HyTEMPS）合同。根据合同，Peraton 公司将负责为军种间的飞行测试任务提供全面的任务支持。为此将开发与任务、测试系统的研发、维修和操作相关的软硬件解决方案。Peraton 公司宣布还将继续支持"陆军便携式靶场作战与测试网络"（PROTN）的发展，并将开始开发和部署新型收集机制，使各种测量传感器更接近高超声速飞行器的飞行路径和影响点，以获取更多测试数据。新型收集机制还包括开发可快速共享遥测和测试数据的单个网络架构；开发和运行开放式海洋系统，该系统集成了舰船、驳船和无人海上系统传感器；并结合使用空中无人机进行数据采集。

美国海军将接收"战斧"Block V 导弹　3 月，雷声公司计划下周向美国海军交付第一批"战斧"Block V 对陆攻击导弹，这是海军战术战斧导弹的升级版，新型"战斧"Block V 具备远程瞄准海上舰船的能力，不仅适用于水面舰艇的垂发系统，也适用于攻击型潜艇的垂发系统。新型"战斧"Block V 通过集成新型导引头，有望打击 1600 千米外的水面舰艇。

美国空军加速部署"防区内攻击武器"　3 月，美国空军已选择五家公司（波音公司、L3 哈里斯科技公司、洛克希德·马丁公司、诺斯罗普·格鲁曼公司和雷声公司），这些公司可以在不进行全面和公开竞争的情况下获得合同,以加速部署"防区内攻击武器"(SiAW)。美国空军希望在五年内获得 SiAW 导弹原型并交付剩余部分。"防区内攻击武器"是"增程型先进反辐射导弹"(AARGM－ER)的改进型,将由 F－35 战斗机搭载用于"反介入/区域拒止"作战环境。SiAW 导弹将配备全新的战斗部、通用武器接口和反辐射导引头。

低成本巡航导弹联合能力技术验证项目成功地将新技术转化为在册项目 3月,美国国防部于3月16日宣布,为期多年的低成本巡航导弹(LCCM)联合能力技术验证(JCTD)项目成功地将三项主要技术转化为记录或开发项目。JCTD 的启动是为了推进用于低成本、常规、协同式巡航导弹的分散自主模块;综合管理团队开发了新的飞行器和发射器,自主软件模块以及抗干扰的数据链路。

美国政府授予科巴姆公司高超声速天线开发合同 3月,英国先进任务电子解决方案供应商(CAES)科巴姆(Cobham)已获得美国政府的合同,为高超声速应用开发先进的天线技术解决方案。该公司将利用其在轨运载火箭、导弹和制导武器方面的成果开发孔径和天线技术。适用于高超声速应用的 CAES 功能包括可用于近炸和高爆感测的先进导引头技术、数据链、遥测、微波组件、高温天线、相控阵传感器、机载处理、抗辐射微电子和加密专用集成电路。

印度国防研究与发展局成功测试固体燃料冲压发动机技术 3月,印度国防研究与发展局(DRDO)在奥里萨海岸外的综合试验场成功进行了固体燃料冲压发动机(SFDR)的飞行演示。包括增压电机和无喷嘴电机在内的所有子系统均正常工作。在此次测试中使用增压电机模拟了空中发射场景,包括固体燃料冲压发动机技术在内的许多新技术都得到了验证。这次演示成功使得印度能够开发远程空对空导弹。

以色列国防部与 IAI 公司联合成立下一代导航技术研发中心 3 月,以色列国防部(IMOD)的国防研究与发展理事会(DDR&D)与以色列航宇工业公司(IAI)联合成立了下一代导航系统技术中心,主要研发、生产不依赖 GPS 的导航系统,开发制造高精度惯性传感器,用于以色列防务的各种作战系统中。新的导航技术中心设立在 IAI 系统导弹与太空集团的光电与导航中心——精确仪器工业公司(TAMAM)。

美国政府授予科巴姆公司高超声速天线开发合同 3 月,英国先进任务电子解决方案供应商(CAES)科巴姆(Cobham)已获得美国政府的合同,为高超声速应用开发先进的天线技术解决方案。该公司将利用其在轨运载火箭、导弹和制导武器方面的成果开发孔径和天线技术。适用于高超声速应用的 CAES 功能包括可用于近炸和高爆感测的先进导引头技术、数据链、遥测、微波组件、高温天线、相控阵传感器、机载处理、抗辐射微电子和加密专用集成电路。

美国陆军试验立方星支撑多域作战能力 3 月,美国陆军火箭实验室将"硝烟"-J(Gunsmoke-J)小型实验卫星送入轨道,面包大小的立方星将测试在轨传感器在多域战中提供关键数据和信息,为作战人员提供战术支撑的性能,演示美国陆军空间和导弹防御司令部及其跨职能团队(可靠定位、导航和定时/空间)的联合能力。美国陆军在硝烟项目(Gunsmoke program)中计划研制一系列不同类型的小型卫星,本周发射的"硝烟"-J 卫星是一对实验卫星中的一颗,其中第一颗于 2021 年 2 月送入太空。

美国 EMCORE 公司获得高端战术级惯性测量单元开发合同 3 月,美国 EMCORE 公司宣布获得价值 110 万美元的开发合同,用于设计和生产战术情报侦察系统用高端"惯性测量单元"(IMU)。产品原型阶段已经成功完成,公司将在后续阶段中交付首批产品,用于验证制造和系统级资质。

该 IMU 基于 EMCORE 公司的"专利闭环光纤陀螺"技术，技术与同类技术相比具有经过验证的 CSWaP（成本、尺寸、重量和功率）和性能优势。产品设计的性能定位为公司战术产品线中的最高水平。EMCORE 公司称光纤陀螺"惯性测量单元"外形紧凑、具有功能兼容的封装，偏置性能是传统系统的 10 倍。

英日合资硅传感系统公司推出高性能 MEMS 惯性传感陀螺　3 月，英日合资硅传感系统公司推出一款用于惯性传感的全硅 MEMS 单轴陀螺仪 CRH03，可作为"光纤陀螺"和"基于动态调谐陀螺"的传感器的低成本替代方案，用于无人机和机器人的导航、稳定和控制。CRH03 性能高、噪声低，比其前身 CRH02 功耗低 30%，在新的驱动电子技术和传感器头等 MEMS 技术和电子技术方面均做了改进。依据速率范围有 10°/秒等 5 种可选款，耐外部振动能力强，有出色的零偏不稳定性和角随机游走。CRH03 有单独封装和 OEM 版本两种。

美国霍尼韦尔公司硅 MEMS 惯性测量单元精度达到导航级　3 月，美国霍尼韦尔公司的研究人员在第 8 届 IEEE 惯性会议上介绍了其最新的硅 MEMS 惯性测量单元 HG7930 的研究成果：基于改进型 Z 轴高精度硅微机电陀螺和新型水平轴差分式硅谐振梁高精度加速度计技术，该惯性测量单元中陀螺全温零偏稳定性典型值达到 0.21（°）/小时（RMS）、加速度计全温零偏稳定性典型值达到 105 微克（RMS），相比霍尼韦尔公司传统战术级 MEMS 惯性测量单元 HG1930 的精度提升一个数量级，该惯性测量单元整体尺寸为 136 厘米^3，具备导航级应用潜力。

以色列国防部与 IAI 公司联合成立下一代导航技术研发中心　3 月，以色列国防部（IMOD）的国防研究与发展理事会（DDR&D）与以色列航宇工业公司（IAI）联合成立了下一代导航系统技术中心，主要研发、生产不依赖 GPS 的导航系统，开发制造高精度惯性传感器，用于以色列防务的各种作战系统中。新的导航技术中心设立在 IAI 系统导弹与太空集团的光电与导航中心——精确仪器工业公司（TAMAM）。

美国空军"金帐汗国"项目完成第二次飞行试验 3 月，美国空军"金帐汗国"网络化协同武器项目进行了第二次飞行试验。试验中，美军第 96 试验中队使用 F-16 战斗机进行四枚协同式小直径炸弹 I 的试验。4 枚炸弹是 GBU-39 小直径炸弹 I 的改型炸弹，集成网络协作自主有效载荷，使武器能够动态响应任务参数的变化，而无须实时人工干预。本次试验证明影响第一次试验的武器软件问题得以解决，而未来该项目将转向开发名为"竞技场"的多层数字武器生态系统。

美国 Aerobotix 公司启动高超声速导弹生产线 3 月，美国 Aerobotix 公司已开始启动下一代高超声速生产线。该生产线是一条自动装配线，可扫描、喷砂、涂漆并测量复杂的导弹部件，以达到高超声速飞行所需要的关键公差。据该公司称，导弹具有的高超声速特性决定了热保护和空气动力学一致性的重要性。全弹体使用 FIREX RX-2390 烧蚀涂层，以保证导弹结构免受超高温的影响。该过程由自动形状保真扫描仪实现。首先，扫描仪记录每个组件的建成尺寸，自定义生成路径，打磨每个组件，以实现最佳的涂层附着力；其次，利用防爆涂料机器人涂上几十层 FIREX RX-2390 烧蚀涂层。为了确保涂层在公差范围内，机器人将使用非接触式测量工具记录湿涂层的厚度。

美国海军陆战队设想为忠诚僚机装备 LRASM 导弹 3 月，美国海军陆战队的最新版《远征先进基地作战临时手册》（TM EABO）中，设想在未来作战中为忠诚僚机装备"远程反舰导弹"（LRASM）。该手册对远征先进基地作战概念进行了阐述，旨在确保海军陆战队在未来的印太冲突中占据优势。手册中将自主无人机称为忠诚僚机，该词源于空军计划，也用于形容可独立作战或者与有人驾驶飞机一起作战的自主无人机。手册中的插图显示，部分忠诚僚机装备了 LRASM 导弹。

澳大利亚计划重建国内导弹生产基地 3 月，澳大利亚总理斯科特·莫里森表示，澳大利亚政府将投资 7.61 亿美元建立导弹和制导武器的生产能力，交付军队和出口市场。莫里森表示，国防部将选择一家与澳大利亚有业务往来的外国公司经营生产基地，生产陆基和空射弹药。此举将使澳大利亚 20 世纪 60 年代的国防工业得以复兴，澳大利亚曾与英国合作生产"伊卡拉"反潜导弹和"马尔卡拉"反坦克导弹。最近，澳大利亚出口了本国研制的"纳尔卡"诱饵弹。除了生产空空导弹和打击武器，新投资还将支持与美国共同开发高超声速打击导弹。

美国"惯性实验室"公司推出战术级 MEMS 惯性测量单元 4 月，美国"惯性实验室"公司推出战术级 MEMS 惯性测量单元 IMU – NAV – 100，并称其为目前公司性能最好的产品，内部完全集成三轴 MEMS 加速度计和陀螺仪，可对线性加速度、角速度和俯仰/滚动参数进行高精度测量。该产品有两种型号，IMU – NAV – 100 – S 可用于高性能天线和稳瞄系统、运动控制传感器（MCS）以及平台定位和稳定系统，其陀螺仪角随机游走为 $0.04°/\sqrt{小时}$。IMU – NAV – 100 – A 适用于 GPS 辅助惯导（INS）、航姿参考系统（AHRS）以及运动参考单元（MRU）等集成系统。两种型号的俯仰和滚动精度为 $0.03°$RMS。

英日合资硅传感系统公司推出战术级全硅 MEMS 惯测单元 4 月，英日合资硅传感系统公司（Silicon Sensing Systems）推出新款 9 自由度全硅 MEMS 惯性测量元件，含 3 个感应式和 3 个压电谐振环形陀螺仪、6 个电容式加速度计及 3 个磁力仪，该产品延续了其前身 DMU30 的性能，体积 50 毫米×50 毫米×50 毫米，重 200 克，体积、重量和功耗（典型使用）分别减少了 54%、42% 和 50%，可为更小、更受限的平台和应用提供超精确的运动传感，性能可与光纤陀螺单元直接竞争，能运行于航天、海洋和太空等最严峻的环境。满足大量客户对高紧凑、"战术级"、不受 ITAR（国际武器贸易法规）限制的 IMU 的需求。

美国空军实现射频和微波元件的小尺度、轻量化和低功耗 4 月，2021 年 4 月 19 日，AFRL 研究人员基于目前可用的磁性材料（如钇铟石榴石）开发了一种射频和微波隔离器，其尺寸约为微型射频隔离器的 1/6，这种材料也消耗相对较高的功率。研究人员使用了一层带有永久磁化材料薄膜的压电材料，实现与无源元件的高度隔离。美国空军研究实验室的研究小组正在与美国桑迪亚国家实验室合作，寻求一种基于相同材料的循环器。

美国空军研究实验室投资新型精确导航与授时技术 4 月，美国空军装备司令部空军研究实验室指挥官普林称，该实验室自 2020—2025 财年已为安全通信、精确授时、精确导航和量子计算等多个领域的研究拨款约 1.5 亿美元，目前正在与盟国开展跨军种合作，主要演示量子钟、惯性器件、无线电频率传感器和磁力计等多种 PNT 系统，相关测试将在 2022 年和 2024 年进行。

美国国防部与挪威合作开发高速推进技术 4 月，美国国防部和挪威国防部将联合宣布合作开发先进固体燃料冲压发动机——"增程型战术高速攻击性冲压发动机"（THOR–ER），用于超声速和高超声速武器。美国国防部研究与工程副部长办公室任务原型主任科里·比弗森（Corey A. Beiverson）表示，THOR–ER 旨在开发一种先进固体燃料冲压发动机，并将其集成到成本可负担的全尺寸原型上，实现远距离高速飞行，并在陆、海、空作战条件下进行飞行验证。挪威国家军备主任莫滕·蒂勒（Morten Tiller）也表示，THOR-ER 将结合挪威在导弹和火箭技术方面的长期研究成果进行研发。据悉，该项目早期开发工作已于 2019 年底开始，并计划在 2024 年底之前结束。

美国霍尼韦尔公司推出战术级 MEMS 惯测单元 4 月，美国霍尼韦尔公司推出新的战术级 MEMS 惯性测量单元 HG1125 和 HG1126，尺寸约为一个矿泉水瓶盖的大小（31 毫米 × 11.7 毫米），质量小于 24 克，成本低，精度高，可承受高达 $40000g$ 的冲击，成为霍尼韦尔迄今为止最坚固的惯测单元产品之一，服务于商业和军事应用。新产品的首批交付将于 2021 年 6 月开始。

美国英姆柯公司发布新的战术级 MEMS 惯测单元 4 月，美国英姆柯公司宣布推出新的战术级 SDI170 石英 MEMS 惯测单元，可以作为尺寸和功能相当的霍尼韦尔公司 HG1700-AG58 环形激光陀螺仪惯测单元的替代产品，但 SDI170 的整体性能、多用性、高线性加速度计性能优异，在冲击环境下具有更高的 MTBF（平均故障前时间）级别，寿命也更长，在 -55~85℃ 的振动环境中陀螺零偏 1°/小时和加速度计零偏稳定性 1 毫克，角随机游走 $0.02°/\sqrt{小时}$。该产品角随机游走比其设计替代的传统环形激光陀螺仪惯测单元好 5 倍。SDI170 可用于广泛的高精度、商业和国防集成应用，如飞机姿态航向参考系统、GPS 辅助导航、地面测量、移动测绘、水下机器人、自主车辆、战术武器和稳定平台，不受国际武器贸易条例限制，目前已完成广泛的内部和外部客户测试，确认了其兼容性以及对传统产品的替代性。

美国 AGM-183A 高超声速武器试验失败 4 月，据美国空军披露，原计划 4 月 5 日进行的空射快速响应武器助推器飞行测试因导弹未能按预定程序与载机分离而提前终止。B-52H 轰炸机在飞越穆谷角海上靶场时遭遇此问题，目前导弹已经由载机安全带回加利福尼亚州爱德华兹空军基地。美国空军计划在未来 2 年再进行 4 次飞行测试，但此前已经多次宣布推迟飞行测试进度，这次测试失败将打乱项目后续测试进度和 2022 财年末部署的既定目标，进一步增加了项目的不确定性。

中佛罗里达大学的斜爆震技术可使飞行速度达马赫数 16 4 月，美国中佛罗里达大学的研究人员在《美国国家科学院院刊》上发表了有关高超声速动力技术的最新研究，研究人员发现通过为喷气式发动机创建一个特殊的高超声速反应室，能够稳定高超声速推进所需的爆震。爆震是最强大的强烈反应和能量释放形式，稳定爆震的发现有可能彻底改变高超声速推进和能源系统。该技术利用斜爆震波，通过在反应室内使用一个斜坡形成引爆冲击波进行推进，使飞行速度可达马赫数 6~16。与旋转爆震波不同，斜爆震波是静止和稳定的。斜爆震技术提高了喷气推进发动机的效率，相比传统推进发动机，在使用更少燃料的情况下产生更多动力，从而减轻燃料负荷，减少成本和排放。

英国 BAE 系统公司获得 3.235 亿美元军用 GPS 模块合同 4 月，英国 BAE 系统公司已从美国国防后勤局获得一份价值 3.235 亿美元合同，用于生产、交付兼容军码信号的增量 1 通用 GPS 模块（CGMs），为美国国防部及美国盟友提供支持到 2030 年。该模块将提供可靠、安全的定位、导航与授时数据，具有抗干扰和抗欺骗能力，BAE 系统公司将代表国防后勤局管理这种军码 GPS 模块库存，并用其为地面和精确制导弹药制造军用 GPS 接收器，该公司的军码 GPS 接收器系列可用于机载系统、精确弹药、手持接收器和嵌入式应用的导航和制导解决方案。

洛克希德·马丁公司披露 PrSM 导弹主要组成部分 4 月，洛克希德·马丁公司展示了"精确打击导弹"（PrSM）的主要组成部分。该型导弹射程为 60~499 千米，采用先进的 GPS 导航系统，能够在飞行控制制导弱环境中工作，鼻锥拥有足够的空间安装新导引头，能够跟踪陆地和海上的移动目标，采用预制破片战斗部，最大限度地提高杀伤能力和对目标区域的覆盖率。

美国"惯性实验室"公司推出战术级 MEMS 惯性测量单元 4月，美国"惯性实验室"公司推出战术级 MEMS 惯性测量单元 IMU-NAV-100，并称其为目前公司性能最好的产品，内部完全集成三轴 MEMS 加速度计和陀螺仪，可对线性加速度、角速度和俯仰/滚动参数进行高精度测量。该产品有两种型号，IMU-NAV-100-S 可用于高性能天线和稳瞄系统、运动控制传感器（MCS）以及平台定位和稳定系统，其陀螺仪角随机游走为 $0.04°/\sqrt{小时}$。IMU-NAV-100-A 适用于 GPS 辅助惯导（INS）、航姿参考系统（AHRS）以及运动参考单元（MRU）等集成系统。两种型号的俯仰和滚动精度为 $0.03°$ RMS。

美国空军实现射频和微波元件的小尺度、轻量化和低功耗 4月，美国空军研究人员基于目前可用的磁性材料（如钇铟石榴石）开发了一种射频和微波隔离器，其尺寸约为微型射频隔离器的六分之一，这种材料也消耗相对较高的功率。研究人员使用了一层带有永久磁化材料薄膜的压电材料，实现与无源元件的高度隔离。美国空军研究实验室的研究小组正在与美国桑迪亚国家实验室合作，寻求一种基于相同材料的循环器。

美国海军无人系统引导"标准"-6 导弹完成远程反舰打击 4月，美国海军在圣地亚哥海岸举行了代号"无人综合作战问题21"（UxS IBP 21）的演习。演习期间，美国海军阿利·伯克级导弹驱逐舰"约翰·芬恩"号（DDG-113）利用无人系统引导"标准"-6 导弹击中了 400 千米外的靶标。本次演习为期一周,主要由美国第三舰队执行,涉及空中、水面、水下的多型有人、无人装备。演习针对特定战场情况和不同冲突烈度,将有人/无人作战能力与具体作战场景相结合,根据战场和任务变化,灵活配置有人、无人平台之间的协同方式,并通过这种方式获取作战优势。

美国空军研究实验室投资新型精确导航与授时技术　4月,美国空军装备司令部空军研究实验室指挥官普林称,该实验室自2020—2025财年已为安全通信、精确授时、精确导航和量子计算等多个领域的研究拨款约1.5亿美元,目前正在与盟国开展跨军种合作,主要演示量子钟、惯性器件、无线电频率传感器和磁力计等多种PNT系统,相关测试将在2022年和2024年进行。

美国陆军通过"试验性验证网关"演习展示未来战争模式　5月,美国陆军在犹他州"亚当斯目标"基地进行了2021年"试验性验证网关演习"(EDGE)。此次试验是美国80年来第一次试验新型战争战术,引入新型技术高达50项(含多个机密技术)。此次演习面向国防部部长和国会,其假想背景是未来的中美冲突。演习展示了名为"L3哈里斯红狼"的大型空射效应型无人机,它用作机载通信的中继设备;公开了被确定为"远程效应"(LRE)弹药的新型巡飞弹项目;展示了新型机载传感能力,可识别近程防空系统并通过数据链为远程效应弹药提供打击坐标。演习显现的最大挑战是如何调动并协调所有兵力。此次试验仅披露了部分技术,而对于目标识别、定位和攻击等细节则严格保密。

美国海军将进行"先进反辐射导弹"增程型首次实弹飞行试验　5月,美国海军航空系统司令部表示"先进反辐射导弹"增程型(AARGM-ER)在2021年4月22日的受控运载试验中与载机进行了通信。美国海军上校米奇·康墨福德表示,此次试验标志着"先进反辐射导弹"增程型的设计和制造工作迈出了重要一步。该导弹有望于2021年春季从F/A–18E/F战机上进行首次实弹飞行试验。

洛克希德·马丁公司开始制造"精确打击导弹" 5月，美国陆军合同司令部宣布与洛克希德·马丁公司签订了一份价值2000万美元的合同，为"精确打击导弹"（PrSM）的开发、试验和资格认证提供支持。"精确打击导弹"是一种全天候地地导弹，由M270A1发射车和M142发射车发射，计划2023年投入使用。2025年，陆军将为"精确打击导弹"配置先进的多模导引头，使其具备反舰能力。目前该多模导引头已经完成了一次机载飞行试验。

美国陆军研究适用于高超声速武器的指控结构 5月，美国陆军副参谋长约瑟夫·马丁（Joseph Martin）将军表示，现有的武器指控规则主要基于导弹的飞行距离或飞行高度，而高超声速技术可能会导致军方改变其中一些指控规则，美国陆军目前正在评估高超声速导弹如何适应军方的指控结构。约瑟夫·马丁还表示，美国陆军需要着眼于未来战场，研究现有规则是否适用，如果需要改变的话，军方需要进行更多的测试和试验。此外，美国陆军及联合部队正致力于一种新型联合作战概念，将通过军事演习和试验来确定正确的指控结构。

美国进行高超声速杀伤链传感器试验 5月，美国空军第49测试与评估中队的1架B–52轰炸机在2021年5月5日的"北部边缘21"（NE21）演习中，完成了高超声速杀伤链从传感器到射手的模拟测试。NE21是美国印度太平洋司令部的一项演习，旨在提供实景战机训练、发展和提高联合作战能力以及增强参战部队的战备状态。测试中，B–52从路易斯安那州巴克斯代尔空军基地飞至阿拉斯加测试地，然后返回，共历时13小时。B–52能够通过1000海里外的埃尔门多夫-理查森联合基地的"全域作战能力试验"（ADOC–E）从传感器接收目标数据。轰炸机从ADOC–E接收到数据后,即可使用 AGM-183 空射快速反应武器(ARRW)对 600 海里外的目标进行模拟射击。此次试验是在 NE21 所提供的高对抗真实威胁环境中成功完成了超视距杀伤链验证活动。

美国陆军成功进行"精确打击导弹"试射　5 月,洛克希德·马丁公司宣布美国陆军的"精确打击导弹"(PrSM)在新墨西哥州白沙导弹靶场的试射中,射程达到 400 千米。2020 年,"精确打击导弹"在技术成熟和风险降低阶段进行了 3 次飞行试验,射程分别为 240 千米、180 千米和 85 千米。专家称,较短的射程任务执行难度更高,因为导弹必须在更短时间内完成升空与降落。

美国海军 F/A-18E/F 战斗机完成 AARGM-ER 飞行测试　5 月,美国海军 F/A-18E/F 战斗机完成增程型"先进反辐射导弹"(AARGM-ER)系留飞行测试,以为 2021 年晚些时候的首次实弹测试做准备。该测试首次证明了 AARGM-ER 导弹可以与 F/A-18E/F 战斗机进行通信。测试期间,F/A-18E/F 战斗机进行了一系列空中演习,以检查 AARGM-ER 导弹与其的兼容性。AARGM-ER 导弹主要用于打击敌方防空系统,未来将装备 F/A-18E/F 战斗机、F-35 战斗机和 EA-18G 电子战等作战平台。

美国霍尼韦尔公司推出战术级 MEMS 惯测单元　5 月,美国霍尼韦尔公司推出新的战术级 MEMS 惯性测量单元 HG1125 和 HG1126,尺寸约为一个矿泉水瓶盖的大小(31 毫米×11.7 毫米),质量小于 24 克,成本低,精度高,可承受高达 $40000g$ 的冲击,成为霍尼韦尔迄今为止最坚固的惯测单元产品之一,服务于商业和军事应用。新产品的首批交付将于 2021 年 6 月开始。

美国陆军"远程高超声速武器"射程至少 2775 千米　5 月,美国陆军透露"远程高超声速武器"(LRHW)射程至少将达到 2775 千米。美国陆军计划在 2023 年部署首个由 8 枚"远程高超声速导弹"组成的导弹连,美国陆军表示已经选出了导弹连指挥官,导弹连士兵也已经开始接受武器训练。美国陆军参谋长詹姆斯·麦康维尔表示,高超声速武器和其他远程火力对于摧毁敌人在印太地区的"反介入/区域拒止"能力至关重要。预计首个高超声速导弹连将部署在陆军太平洋多域特遣部队。

俄罗斯研制新型高超声速导弹"尖锐" 5 月,俄罗斯计划 2022 年开始测试"尖锐"(Ostrota)新型小规格高超声速导弹,该导弹将装备于图-22M3 远程轰炸机和苏-34 战斗机。"尖锐"导弹的设计工作由"彩虹"制造设计局负责,采用冲压式喷气发动机,计划于 2022 年进行飞行试验。

诺斯罗普·格鲁曼公司研发陆基"先进打击导弹" 5 月,诺斯罗普·格鲁曼公司正在开发 AGM-88G 增程型"先进反辐射导弹"(AARGM-ER)的陆基改进型号——"先进打击导弹"(AReS),用于打击陆、海目标。该导弹将基于"先进反辐射导弹"和"防区内攻击武器"(SiAW)的技术开发,配备先进多模导引头和"增强杀伤力"战斗部,集成现有助推器,可通过集装箱发射,能以超声速飞行,可在"反介入/区域拒止"环境下打击目标,具有"联合武器作战"能力。

美国空军完成"金帐汗国"项目第三次飞行试验 5 月,美国空军"金帐汗国"先锋计划部在北卡罗来纳州白沙导弹靶场成功完成了"协同小直径炸弹 I"(CSDB-I)第三次飞行试验。"金帐汗国"项目旨在通过实时和虚拟测试来提高武器的网络化、协作和自主(NCA)能力。该项目可使制导器自主制导,打击指定目标,降低飞行员二次攻击的需要。

康斯堡为"联合打击导弹"增订射频传感器 5 月,康斯堡(Kongsberg)公司已经从 BAE 系统公司增订了 180 个无源射频传感器,用于"联合打击导弹"(JSM)。BAE 系统公司提供的电子支援措施(ESM)接收器集成在 JSM 导弹上。集成后的 JSM 导弹将具有防区外对陆、对海攻击能力。JSM 导弹拥有双向数据链，可用于目标调整和飞行中终止攻击的能力。除现有的红外成像传感器外，无源射频传感器还将使 JSM 导弹能根据目标的电子特征定位。这种微型接收器重量不到 2.5 千克，在高频范围内工作频率高达 18 吉赫。在此之前，澳大利亚国防部与康斯堡公司签署了 1800 万美元的合同，继续将无源射频传感器集成到 JSM 导弹上并进行测试。

雷声公司小型弹药用 X–Net 数据链获美国家安全局 Type–1 认证 5 月，雷声公司的 X–Net 通信系统已获得 Type–1 认证（美国国家安全局最高加密等级认证）。雷声公司 5 月 25 日表示，X–Net 数据链路通信系统是为集成到小型弹药系统中设计。X–Net 的认证正值美国空军研究网络协同弹药、无人机和载人飞机之际。美国空军与陆、海两军正在合作研发几种战场网络技术。美国国防部希望利用通信网络，推动各军兵种之间密切协调作战，以一种压倒性的优势战胜对手。

美军首次测试高超声速导弹第一级发动机 5 月，美国海军战略系统项目办公室在犹他州普罗蒙特利测试了第一级固体火箭发动机（SRM）。第一级 SRM 将是新型导弹助推器的一部分，并将与通用高超声速滑翔体（C–HGB）结合，形成通用高超声速导弹。各军种将使用共同的高超声速导弹，同时开发单独的武器系统和发射台，为海上或陆上发射量身定制的导弹。在第一级固体火箭发动机测试期间，发动机在整个试验期间点火，并在预期范围内满足性能参数和目标。SRM 测试的成功是海军和陆军飞行测试的关键里程碑，下一次联合测试将在 2022 财年第一季度进行。

美国国防部将加快交付高超声速武器 6 月，美国正在开发的海基、陆基、空基高超声速武器，运用了大量先进技术。海军、陆军、空军和导弹防御局都在与美国国防高级研究计划局、桑迪亚国家实验室和工业界等机构合作开发这些武器。美国国防部2022财年的预算中有66亿美元用于开发和部署高超声速在内的远程火力，目标是在2020年代初到中期测试和生产海基、陆基、空基高超声速武器。

美国计划在2023年末进行"陆基战略威慑"首次发射试验 6月，美国空军将于2023年年底在范登堡空军基地进行"陆基战略威慑"（GBSD）的首次发射试验。根据美军方的要求，"陆基战略威慑"将使用Mk.12A和Mk.21战斗部，可携带一个或多个W78或W87核弹头，其中W78核弹头TNT当量为35万吨，W87核弹头TNT当量为30万吨。"陆基战略威慑"将用于替代"民兵"－3战略弹道导弹系统，预计在2036年完成全部更换工作，并服役至2075年。为对接"陆基战略威慑"，美国空军将对"民兵"－3战略弹道导弹系统发射井和控制系统进行升级。

美国陆军制定"远程精确弹药"研制计划 6月，根据2022财年预算文件，美国陆军将在2022财年启动为期5年的"远程精确弹药"（LRPM）项目，并于2023财年选定承包商。美国陆军要求拨款2920万美元，同时提出"长钉"导弹为其临时替代弹药，为现有侦察攻击直升机提供远程杀伤力。预算文件称，美国陆军需将"远程精确弹药"与发射平台集成，可在联合全域作战的突防阶段使用，能够在不利天气和GPS拒止条件下，全天时打击静止/移动目标。

DARPA完成"作战火力"项目火箭发动机试验 6月，DARPA的"作战火力"（OpFires）项目正在开发和展示陆基中程超声速武器新技术，并成功完成第二阶段推进系统的全面静态试验。这种高性能、固体燃料的"可节流"火箭发动机可以在燃料耗尽之前关闭，从而有可能使导弹命中射程内任何位置的目标。此次试验数据将用于完成助推器的详细设计，这也是"作战火力"项目最近启动的3b阶段导弹制造、组装和飞行试验的一部分。

拉斐尔公司增强 Python-5 近程空空导弹网络化能力　6月，拉斐尔（Rafael）先进防御系统公司增强了其第五代 Python-5 近程空空导弹的网络化能力。该能力在战术空对空环境中可使导弹从配备 Global Link 软件定义无线电（SDR）系统的飞机上获取目标。使用多通道接收（MCR）技术的 Global Link 同时支持传统 AM/FM 通信和具有高容量数据、数字语音、视频的高级移动自组织网络（MANET）波形，以在高速飞行的喷气式飞机之间创建战术网络，不仅提供增强的机载态势感知，而且还为拉斐尔公司的 Python-5 和其他空空导弹提供上行链路。由于相同的软件定义无线电可以实现导弹的上行链路功能，因此，配备 Global Link 的现代战斗机能够向来自战术网络而非自身雷达的目标发射 Python-5 空空导弹，而不需要在飞机上安装额外的收发器。

L3 公司和雷声公司为美国陆军增强型"高精度探测和开发系统"开发机载传感器　6月，L3 通信综合系统公司和雷声应用信号技术公司获授美国陆军合同，将演示、开发、制造和集成电子情报（ELINT）和通信情报（COMINT）传感器原型，并将其集成到增强型"高精度探测和开发系统"（HADES）的情报、监视、侦察（ISR）多域传感系统（MDSS）中。第一阶段合同为期 8 个月，价值 437 万美元。美国陆军的"高精度探测和开发系统"旨在解决未来针对同等或近似同等对手的多域作战需求，该系统将在全球范围进行部署，并在更高的高度和更长的航程提供强于美国陆军现役 RC-12、MC-12 中高空侦察机和 EO-6C 低空侦察机的多域传感器能力。

美国空军成功测试新型定位、导航和授时概念　6月，美国空军战略发展规划与试验办公室（SDPE）与美国海军成功演示了新型定位、导航和授时（PNT）概念，包括视觉导航（VisNav）、机会信号导航（SoOP）和磁异常导航（MAGNAV）三种不同的 PNT 概念。美国空军通过将新的软件架构与现有的 PNT 技术相结合，实现了 GPS 拒止环境下的导航。新的 PNT 系统能够集成到 Agile Pod 模块化开放式结构吊舱内，能够在各种飞行条件下运行。

澳大利亚推出首套全数字光纤陀螺惯导系统 6 月，澳大利亚先进导航公司推出世界首套战略级全数字光纤陀螺惯导系统 Boreas D90。该系统尺寸、重量、功率及成本较同类系统降低了 40%，偏置稳定性 0.001°/小时，滚动及俯仰精度 0.005°，航向精度 0.006°，配合里程计或多普勒计程仪时，航位推算精度为 0.01% 里程。该系统内含超快陀螺罗经，可在不依赖 GPS 及磁航向情况下，在静态、移动状态下 2 分钟内获取航向信息，确定航向精度达 0.01°正切纬度；其融合算法利用人工智能技术获取更多数据信息，平均无故障间隔时间为 50 万小时。

拉斐尔公司推出"海上破坏者"自主导弹系统 7 月，以色列拉斐尔公司推出了第五代自主导弹系统——"海洋破坏者"（Sea Breaker）。该型导弹射程为 300 千米，以高亚声速飞行，配有 113 千克侵彻/爆炸/预制破片战斗部，集成了先进红外成像导引头，可在"反介入/区域拒止"环境中打击海上或陆地的固定/移动目标，可从导弹艇、巡洋舰和护卫舰等海军平台，以及 SPYDER 陆基发射器发射。导弹具有多向、同步攻击能力，可利用深度学习和基于大数据的场景匹配，实现自动目标捕获和自动目标识别；具有飞行中中止打击能力和战场评估能力；具有电子对抗免疫性和抗干扰能力，可在 GPS 拒止环境中全天时、全天候作战；可基于预定攻击计划，根据航向点、方位角、撞击角和瞄准点的选择，确保任务成功。

英国研发智能导弹系统 7 月，英国国防部向国防科学技术实验室（Dstl）合作打击武器技术演示（CSWTD）计划投资 480 万美元，开发智能导弹系统。该项目探索导弹间协同作战的通信方式，旨在提高导弹的灵活性，以应对不断变化的威胁。通过对软件系统的升级，改变导弹协同作战的方式。该项目为期两年，从2021年4月开始，新技术可能在五年内集成到更智能的导弹综合网络中。现阶段，该导弹可以与发射平台通信，无法实现导弹间的通信和合作。

DARPA授出量子射频微波接收机研制合同　7月，DARPA授予霍尼韦尔公司一份价值550万美元的"量子孔径"项目合同，旨在开发小型宽带射频微波接收机。该项目聚焦于两个技术领域：接收机系统及其军事应用、传感器元件。该项目计划使用立方厘米级传感器元件，开发10兆赫~40吉赫范围、低于$10~16$瓦/（米^2·赫）的里德堡传感器。还将开发军用里德堡传感器系统和波形，以提高小型传感器的灵敏度。发展连续、快速、广泛的调频能力；开发可独立寻址的元件阵列，用于检测信号到达角和通道并行化，以提高灵敏度或瞬时带宽；寻求兼容性波形，包括使用里德堡接收机功能的新波形；研制量子孔径接收机。

诺斯罗普·格鲁曼公司建立高超声速卓越中心支持国家安全　7月，诺斯罗普·格鲁曼公司开始建造高超声速卓越中心以支持美军及其盟国对抗不断演变的威胁。该公司将通过在马里兰州埃尔克顿工厂的数字工程和智能基础设施的投资，为高超声速武器提供从设计和开发到生产和集成的全生命周期生产，从而优化开发效率，提高可负担性，并最终更快地向作战人员交付武器。新的5500米^{2}的设施将采用最先进的生产技术，并将实施数字工程最佳实践，从而提高灵活性和快速响应技术变化或客户任务需求的能力。诺斯罗普·格鲁曼公司计划自动化工件准备和无损检测（即X射线）技术，并部署自主引导车辆以提高安全性和可靠性。该项目预计于2023年完工。

美国空军首次试验高超声速导弹战斗部　7月，美国空军表示，位于佛罗里达州埃格林空军基地的第780测试中队最近首次引爆了AGM-183A

"空射快速反应武器"(ARRW)的战斗部。对该高超声速导弹的首次试验，收集了毁伤效能相关的数据。为确保战斗部效果的准确描述，首批项目包括全新非常规试验场地的设计和建造、试验程序和设备、战斗部破片数据收集和试验后数据处理。

美国空军授出先进作战管理系统合同 7月，美国凯梅塔公司获得美国空军为期10年、上限9.5亿美元的先进作战管理系统（ABMS）合同。该合同为无限期交付/不确定数量（IDIQ）合同，用于跨平台和跨域能力的成熟、演示和扩展，利用开放系统设计、现代软件和算法开发来实现联合全域指挥和控制。

美军关注"远程精确火力项目" 7月，在潜在对手远程导弹数量增加和技术进步的推动下，美军正寻求一系列远程精确火力能力。美军寻求新型远程打击武器的经验表明，仅强调武器远程打击能力是片面的。国防部和工业部门应关注互联网、传感器、电磁频谱（EMS）领域，以确保美军武器在提升射程的同时提高打击准确性。人工智能的发展可以为武器系统提供更快的决策速度、可靠的目标识别、精确的目标跟踪，同时提高武器系统的抗干扰能力。因此，美军应从以下几方面深入研究：①整合现有和未来的传感器网络，确保其有效配合；②引入人工智能以缓解数据量过大带来的认知过载问题；③培训和教育相关工作人员，以应对技术迭代、变化的速度。

洛克希德·马丁公司采购 LRASM 导弹导引头 7月，BAE 系统公司已从洛克希德·马丁公司获得1.17亿美元合同，为"远程反舰导弹"（LRASM）生产下一代导引头。下一代导引头技术使LRASM导弹能在"反介入/区域拒止"环境中识别、攻击特定海上目标，并降低导弹的总成本。BAE 公司正在为第4、第5批LRASM 导弹生产下一代导引头。下一代导引头易于生产且成本更低廉。

俄罗斯展示新型 Kh–59MKM 空地导弹 7月，战术导弹武器公司下属的拉杜加设计局展示了 Kh–59MKM 空地导弹，该型导弹是 Kh–59MK 增程型反舰导弹的升级型。Kh–59MKM 导弹重 930 千克，长 5.7 米，弹径 380 毫米，翼展 1.3 米。其弹身尺寸与早期的 Kh–59MK 导弹相同。该弹旨在打击坚固的地下目标，配有 360 千克战斗部，其中包括 40 千克破甲战斗部，在命中目标瞬间形成金属射流，可穿透深达 3 米的钢筋混凝土。

美国空军资助的高超声速边界层转捩试验失败 7月，美国约翰·霍普金斯大学应用物理实验室证实，2021年6月23日进行的边界层转捩飞行试验因运载火箭异常未能达到"全部科学目标"而失败，这是对美国高超声速飞行试验的又一打击。此次边界层转捩飞行试验旨在评估复杂几何形状上的气流特性，测量高后掠前缘有效载荷上低曲率凹表面的边界层转捩现象。此次试验使用的探空火箭采用两级助推，有效载荷被推升到 280 千米远地点后开始下落，下降到 15 千米高处与助推器分离，进入平旋状态，并在撞击前减速以进行回收检查。目前探空火箭失败的具体原因仍在调查中。由于边界层转捩测试能准确地预测表面气流从层流到湍流的过渡条件，对于高超声速飞行器设计十分重要，美国正在计划开展 BOLT Ⅱ 等后续试验。

波音公司公布 "HyFly 2" 高超声速巡航导弹概念图 7月，在美国华盛顿特区附近举行的 "2021海空天博览会"（Sea Air Space 2021）上，波音公司公布了用于舰载战斗机、名为 "HyFly 2" 的新型高超声速巡航导弹概念设计效果图。目前 "HyFly 2" 的开发正处于系统需求评审阶段，波音公司正致力于降低推进器风险，随后将进入初步设计评审阶段。根据《航空周刊》新闻网站2020年10月的文章，美国国防部中途将波音公司纳入建造马赫数 6 双燃冲压巡航导弹的竞标中，即 "HyFly 2" 计划，同时为双燃冲压发动机的初步设计评审和地面试验提供了经费支持。

俄罗斯 X-95 高超声速导弹完成机载飞行试验　7月，俄罗斯总参谋部军事学院负责人称，俄罗斯正在开发 X-95 远程高超声速导弹。据国防工业综合体的消息，X-95 导弹可装备图-22M3M、图-160M。目前已经完成了试验样机的机载飞行试验。

美国增程型"先进反辐射导弹"完成首次实弹试射　7月，美国海军在 F/A-18E/F 战斗机成功完成了诺斯罗普·格鲁曼公司 AGM-88G 增程型"先进反辐射导弹"（AARGM-ER）的首次实弹试射，达到了该导弹首次实弹射击的关键试验目标，展示了新型导弹设计的远程能力。此次试验的成功是一个新的里程碑，使 AARGM-ER 距离作战部署又近了一步。AARGM-ER 将被集成在海军 F/A-18E/F 战斗机和 EA-18G 电子战飞机以及空军 F-35A、海军陆战队 F-35B 以及海军和海军陆战队 F-35C 战斗机上。

洛克希德·马丁公司为美国陆军提供"联合空地导弹"　7月，美国陆军授予洛克希德·马丁公司一份价值为 1350 万美元的订单，为陆军无人机、武装直升机提供"联合空地导弹"（JAGM）。该订单应于 2024 年 9 月前完成。"联合空地导弹"可打击移动、静止的装甲车辆、防空单元、炮兵、导弹发射装置、雷达站、指挥控制节点、掩体，以及城市中其他建筑物。

BAE 系统公司开发先进的 APKWS 制导套件　8月，BAE 系统公司开发了一种先进的先进精确杀伤武器系统（APKWS）制导套件，以增强打击能力。该升级版本将使 APKWS 制导火箭的射程提高 30%，从而使作战人员能够击中距离更远的目标。据称，APKWS 是美国政府有记录以来唯一一个引导 70 毫米激光制导火箭的项目。该制导套件将无制导火箭转化为精确制导系统。该系统可以从旋转翼和固定翼飞机以及无人平台上发射，以打击地面、空中或海上目标。升级的 APKWS 制导套件有助于创建优化的飞行轨迹，使火箭能够以更大的攻角与目标交战。它还将带来后勤方面的好处，因为该武器的一种型号将同时满足旋转翼和固定翼飞机的要求，从而减轻库存管理。APKWS 模块升级制导套件的初始生产预计将在本季度开始。

普渡大学将建造价值 4100 万美元的高超声速研究设施 8 月，美国普渡大学将新建价值 4100 万美元的高超声速应用研究设施（HARF），供工程师进行先进高超声速研究，包括一个马赫数 8 的静音风洞和一个高超声速脉冲（HYPULSE）激波风洞。普渡大学称，这些风洞可以重现航天器重返大气层或导弹飞行等不同场景，还可以复制极高速推进的发动机条件。高超声速大楼计划于 9 月开始修建，选址在普渡大学的航空航天区。

美国国防部授予 ARC 公司合同，以推进武器传感技术的发展 8 月，美国国防部和美总务管理局（GSA）根据小型企业创新研究（SBIR）第三阶段合同，授予预测分析公司军备研究公司（ARC）一份价值 6000 万美元的新的五年合同，以推进"基于人工智能的武器传感技术"的发展。这是该公司为国防部和 GSA 开发的基于高级人工智能的武器传感技术的延续，也是军方联合全域指挥与控制（JADC2）项目的一部分。ARC 的高科技系统为国防、执法和主承包商提供智能移动应用程序、嵌入式物联网（IoT）传感器以及基于云的分析平台。这些系统使指挥官能够做出关键任务决策，并将战术响应时间缩短近 60%。这些系统还确保地面小型部队的安全和效率。

美国陆军计划 2023 年前进行三次远程高超声速武器飞行试验 8 月，美国陆军官员表示，美国陆军计划在 2023 年部署首个高超声速导弹连之前进行三次"远程高超声速武器"（LRHW）通用滑翔体飞行试验。届时，陆军将与海军以及导弹防御局进行合作,规划并进行试验。美国陆军高超声速项目办公室副主任罗伯特·斯特赖德表示,首次飞行测试将在 2021 年第四季度进行,第二次预计在 2022 财年第三季度进行,第三次预计在 2023 年进行。"远程高超声速武器"的发射装置和指挥模块等地面组件将在 9 月底前交付给运行首个导弹连的部队进行训练,训练将于 10 月中旬启动。陆军已将"远程高超声速武器"项目正式命名为"暗鹰"(Dark Eagle)项目。

美国空军"空射快速响应武器"高速率生产将由"臭鼬工厂"外其他部门负责 8 月,洛克希德·马丁公司副总裁表示,将利用"臭鼬工厂"配套设施为美国空军建造首个高超声速助推滑翔导弹,但批量生产将转移至公司其他部门。"臭鼬工厂"将组装 AGM-183A"空射快速响应武器"原型和至少第一批低速率产品,但洛克希德·马丁公司的其他部门,如导弹与火控部门,更适合高速率生产的长期生产方案。美国空军在 2022 财年预算中,申请 1.61 亿美元采购首批 12 枚 AGM-183A"空射快速响应武器",这将成为军方首个用于实战的高超声速武器。但是,众议院拨款委员的防务开支法案提议将该项目拨款减少至 4400 万美元,原因是担心空军可能会在没有解决技术问题之前就急于投产。如果拨款减少,空军在 2022 财年将只能采购 8 枚导弹。

美国海军征询 F/A-18E/F 舰载机兼容的高超武器原型 8 月,美国海军研究办公室发布了一份征询书(N00014-21-S-SN14),要求业界为航空母舰搭载的 F/A-18E/F"超级大黄蜂"舰载机开发并试验一种名为"啸箭"的吸气式高超声速导弹原型,美国海军希望基于政府和国防工业承包商已有的高超声速技术成果,快速研发出该型高超武器,可用于攻击敌人的水面舰艇和其他高优先级的水面/地面目标。美国海军的目标是进行三次试验飞行,包括进行原型样机的带飞、空中发射分离、控制飞行、助推器点火运行、弹药巡航体与助推器分离、巡航体控制飞行、巡航体发动机启动、巡航体加速到巡航状态、巡航体处于巡航状态、巡航体降落、巡航体末段飞行轨迹和巡航体飞行影响等多方面的验证。根据要求,该导弹尺寸应保证能在以下尺寸的储存器内储存:长 4.6 米、宽 1.0 米和高 1.1 米。

美国成功发射高超声速探测有效载荷 8 月,美国太空发展局成功发射了"原型红外有效载荷"(PIRPL),该载荷主要研究地球产生的红外背景,是国防部研发探测和跟踪弱暗、高超声速飞行导弹技术的基础。"原型红外有效载荷"是一种多光谱红外相机,由诺斯罗普·格鲁曼公司与太空发展局、导弹防御局联合研制,搭载天鹅座 NG-16 国际空间站商业货运补给任务进入太空。"原型红外有效载荷"设计目的并不是进行实际的导弹跟踪,而是收集地球红外背景信息的演示试验,其目的是描述地球的红外背景,以便为新的探测和跟踪传感器研制提供信息。

美军 F-15C 战斗机试射跟踪系统辅助的"先进中程空空导弹" 8 月,美国空军第 85 测试与评估中队的 F-15C 战斗机,利用"军团"吊舱的"红外搜索跟踪"(IRST)1.5 系统,试射了 1 枚 AIM-120"先进中程空空导弹"(AMRAAM),并成功击中了 QF-16 空中目标。第 85 测试与评估中队的空空武器和战术主管布莱恩·戴维斯少校表示,这次成功的导弹试验意义重大,因为 F-15C 战斗机配备了 IRST 系统和 AIM-120"先进中程空空导弹"后,使美国空军能够在不依赖雷达的情况下实现探测、跟踪、瞄准、武器打击和拦截,同时也不容易受到射频干扰或目标隐身设计的影响。第 85 测试与评估中队的指挥官雅各布·林达曼中校表示,这次试验还展示了美国空军在传统雷达电磁频谱之外对飞行器实施目标瞄准的能力。

美国国防部授予 ARC 公司合同,以推进武器传感技术的发展 8 月,美国国防部和美总务管理局(GSA)根据小型企业创新研究(SBIR)第三阶段合同，授予预测分析公司军备研究公司（ARC）一份价值6000万美元的新的五年合同，以推进"基于人工智能的武器传感技术"的发展。这是该公司为国防部和GSA开发的基于高级人工智能的武器传感技术的延续，也是军方联合全域指挥与控制（JADC2）项目的一部分。ARC的高科技系统为国防、执法和主承包商提供智能移动应用程序、嵌入式物联网（IoT）传感器以及基于云的分析平台。这些系统使指挥官能够做出关键任务决策，并将战术响应时间缩短近60%。这些系统还确保地面小型部队的安全和效率。

美国国家安全创新资本授出高超声速飞行器研发合同 8月，隶属于美国国防部国防创新小组（DIU）的国家安全创新资本（NSIC）授予新边疆航天公司（NFA）一份价值75万美元的合同，进一步发展垂直起降的"超级无人机"高超声速飞行器。该飞行器飞行马赫数为8，采用3D打印的液体火箭发动机，可在2小时内将应急货物及人员运送至全球任意垂直升降机场。该公司称，该飞行器可用于快速运输货物和人员，以满足空军全球机动任务需求。

印度成功试验"无畏"巡航导弹 8月，印度国防研究与发展局（DRDO）已在奥里萨邦巴拉索尔区海岸成功试验了一枚自主研发的"无畏"巡航导弹。"无畏"巡航导弹是一种全天候亚声速远程巡航导弹，由航空发展机构（ADE）与印度国防研究与发展局合作研发，可从海上、空中平台发射，其第6次飞行试验于2019年4月15日完成。

土耳其研发新型激光制导微型导弹 8月，土耳其Roketsan公司设计了新型激光制导微型导弹，该系统可以安装在无人机、无人车以及单兵武器上。该型导弹直径40毫米，长度为0.5米，采用半主动激光制导，精度为1米，最大射程1千米，可从有人/无人平台发射，可用于混合作战和常规作战，打击静止目标或人员。

土耳其推出激光武器对抗光电/红外制导导弹　8月，土耳其梅特克桑国防工业公司推出了"纳扎尔"（Nazar）新型地面激光系统，该系统对抗光电/红外制导导弹。"纳扎尔"系统不仅能够有效打击光电/红外制导导弹，还具有侦察监视能力，其宽带作战能力将在对抗不对称威胁时发挥优势。该系统可与其他传感器和系统集成工作，提高整体效率。"纳扎尔"系统将首先在陆基移动平台上使用，其次部署到舰船上以提高舰船的防御能力。

澳大利亚推出首套全数字光纤陀螺惯导系统　8月，澳大利亚先进导航公司推出世界首套战略级全数字光纤陀螺惯导系统 Boreas D90。该系统尺寸、重量、功率及成本较同类系统降低了40%，偏置稳定性0.001°/小时，滚动及俯仰精度0.005°，航向精度0.006°，配合里程计或多普勒计程仪时，航位推算精度为0.01%里程。该系统内含超快陀螺罗经，可在不依赖GPS及磁航向情况下，在静态、移动状态下2分钟内获取航向信息，确定航向精度达0.01°正切纬度；其融合算法利用人工智能技术获取更多数据信息，平均无故障间隔时间为50万小时。

美国海军试验高超声速武器的二级火箭发动机　8月，美国海军称在犹他州海角，对正在开发中的高超声速武器进行了二级固体火箭发动机试验，并取得了成功，其中还包括发射一级火箭发动机，本次试验活动还对导弹助推器上的推力矢量控制系统进行了试验。此前在2021年5月27日，海军还与其工业伙伴洛克希德·马丁公司、诺斯罗普·格鲁曼公司和穆格公司共同试验了一级发动机。

俄罗斯"锆石"高超声速导弹配备超远程制导　8月，俄罗斯国防部称，在北方舰队大规模演习期间开展了新型飞机、舰船自动化控制系统试验工作。两名图-142反潜侦察机的机组人员将数百千米外假想敌方目标的信息发送至攻击舰实施了打击。新自动化控制系统可以接收雷达和卫星信息，选择最重要的攻击目标，决定攻击方法。该系统还可以从地面雷达、无人机接收数据，司令部可根据实时画面，决定军舰、岸防和海军航空兵采取的行动。新控制系统不仅适用于"锆石"高超声速导弹的载体，同时兼容"宝石""火山"和"口径"的载体。

美国海军增程型"先进反辐射导弹"达到里程碑C 8月，美国海军的增程型"先进反辐射导弹"（AARGM-ER）项目于2021年8月23日获批达到里程碑C，将进入第一阶段生产。增程型"先进反辐射导弹"配备有一个新的火箭发动机和弹头，旨在提供先进的能力，从而对远程敌方防空系统进行侦察打击。美国海军计划把增程型"先进反辐射导弹"集成到F/A-18E/F战斗机和EA-18G电子战飞机上，该导弹也将与F-35战斗机兼容。

美澳联合推进高超声速巡航导弹研制 9月，美国与澳大利亚联合研发的吸气式高超声速巡航导弹向前迈出了一步，美国空军向波音公司、洛克希德·马丁公司发布了第二轮合同选择。该项目为2020年11月由国防部和澳大利亚国防部签署，名为"南十字综合飞行研究试验"（SCIFiER）。旨在通过设计评审，使吸气式高超声速巡航导弹技术趋于成熟。该导弹由吸气式超燃冲压发动机推进发射并提供动力，飞行速度达马赫数5。可装备战机，如F/A-18"超级大黄蜂"、EA-18G"咆哮者"、F35A"闪电"Ⅱ和P-8A海上侦察机。

美国海军大型无人舰成功试射"标准"-6导弹 9月，美国国防部发布推文称，美国海军在"海上游骑兵"（Ranger）大型无人舰上部署了RIM-174"标准"-6多用途导弹。"标准"-6原用于战舰远程防空，对抗固定翼和旋翼飞机、无人机、反舰巡航导弹，具有弹道导弹末端防御能力，也可以用作高速反舰导弹。导弹外形与 RIM-156A"标准"-2 导弹相似，采用惯性制导、主动雷达导引头末端寻的、半主动雷达全程制导等多模制导方式，具有超视距防空反导和协同交战能力。

美国空军使用"联合直接攻击弹药"对海上目标进行"低成本"打击 9月，美国空军第85测试和评估中队的3架F-15E战斗机进行了所谓的"快沉"（Quicksink）联合能力技术演示，其目的是验证使用空投精确制导弹药攻击舰船的新方法。美国空军认为该方法将"改变海上目标杀伤范式"。演示中，3架F-15E战斗机向海上移动和固定目标投放了改进型GBU-31"联合直接攻击弹药"（JDAM），验证了用2000磅弹药打击水面舰艇的新方法。

诺斯罗普·格鲁曼公司展示远程指挥控制的连通性 9月，诺斯罗普·格鲁曼公司成功演示了一种数据链，用于连接高度竞争空域中的飞机，通过开放式体系结构网络进行远程指挥和控制。该演示是分布式多域作战管理指挥和控制体系结构发展的一个重要里程碑，其体系结构为美国军方和盟国保持决策优势。飞行演示是首次集成新型特定任务军事收发器、多级安全数据交换机和开放架构广域网，利用商业技术进入观察、定向、决策和行动循环——决策链用于与威胁目标交战。飞行演示将高空、长航时飞机与"火鸟"无人机通过具有低截获概率/低检测概率特性的先进视距数据链路连接起来。两机间建立了一条通信链路，执行了模拟ISR任务，并通过一个新型多级安全交换机样机连接回基于云的5G网络测试台。

美国成功完成高超声速巡航导弹自由飞行试验 9月，美国空军上周成功完成了"高超声速吸气武器概念"（HAWC）自由飞行试验，标志着该项目取得重大进展。雷声公司负责制造本次试验飞行器，诺斯罗普·格鲁曼公司负责提供超燃冲压发动机。本次试验的整体流程是载机成功释放HAWC，几秒后助推器点火开始工作，超燃冲压发动机压缩吸入空气并与碳氢燃料混合，推动飞行器以超过马赫数 5 的速度进入高超声速巡航阶段。本次试验的目标包括飞行器集成和按序释放、与载机安全分离、助推器点火并持续推进、助推器分离和发动机点火、高超声速巡航。本次试验达到了所有主要试验目标。

波音公司推出远程空对空导弹概念　9 月，波音公司在 2021 年度空军协会年会上展出了新型远程空对空导弹概念半比例模型。新型导弹命名为"远程空空导弹"（LRAAM），采用杀伤器与助推段两级结构。波音公司表示，LRAAM 仍处于概念开发阶段，主要关注设计一款"增压"推进器。新武器概念的目的是提供一种在交战的最后阶段具有显著速度、射程以及高度机动性的导弹，并且这种配置保留了将前段本身作为短程交战武器的可能性，隐身飞机内部也有可能携带该导弹。

雷声公司计划 2023 年交付升级版"先进中程空空导弹"　9 月，雷声公司计划 2023 年 1 月开始向空军交付升级版"先进中程空空导弹"。升级工作着眼于导弹的制导和安全处理系统，包括"外形、适配性、功能更新"（F3R）改进、更新 15 个电路卡。目前由于新技术开发遭遇阻力，导致第 33 批次约 1/4 数量的升级版"先进中程空空导弹"推迟一年交付。雷声公司的空中力量需求总监表示，公司"已经重新安排了生产时间表"，新的生产开始时间暂定于 2023 年初，公司将积极开展工作，尽可能"将日期提前"。

美国陆军将与 Dynetics 公司合作建造对抗无人机和巡航导弹的武器系统　9 月，美国陆军授予 dynatics 公司一份价值 2.47 亿美元的合同，主要内容包括建造能够对抗无人机和巡航导弹威胁的武器系统。据 Dynetics 公司表示需要在 2024 年 3 月前向陆军交付 16 个发射装置、60 个拦截弹和相关的弹仓。Dynatics 公司拥有陆军"多任务发射器"（MML）和高超声速导弹发射器等相关发射器设计经验，此外该公司正准备批量建造陆、海军通用的高超声速弹头。

空军研究实验室寻求发展下一代可信计算技术　9 月，美国空军研究实验室发布"网络发展性能项目"广泛机构公告，该项目旨在保护空中、太空及网络环境免受电脑黑客攻击。网络发展性能项目将于 2026 年启动，6 年内在可信计算技术上投资 9.75 亿美元。广泛机构公告中提及的相关技术包括云架构、代码分析、网络建模及仿真、网络任务决策支持、架构设计、测量技术、移动及嵌入式设备安全、从攻击中恢复性能、非传统网络安全、不受信任环境中的数据安全、协议开发、风险管理、处理器安全、信息交换标准、可信硬件及软件、虚拟化及零信任计算。此类技术将用于军事平台和其他需要利用网络的项目、设备和自动化系统。

俄罗斯研发可应用于航空航天领域的形状记忆材料　9 月，俄罗斯 Skoltech 大学开发了一种具有形状记忆功能复合材料，变形后的材料暴露在合适的温度或条件下能够恢复原形。形状记忆聚合物（SMP）是一种可以在温度、光线、湿度、酸度、电流或电磁场等外部刺激下恢复其初始形状的材料。SMP 通常会采用碳、玄武岩或玻璃纤维加固，从而制成具有优越性能的复合材料。Skoltech 大学研发的该"形状记忆"复合材料是一种玻璃纤维增强型树脂 SMP 平板层压板，由挤压成型工艺制成，可应用于航天、生物医学等领域。

F－35 战斗机与盟军作战平台共享实时传感器数据　9 月，在最近美国和澳大利亚举行的"护身军刀 2021"军演中，洛克希德·马丁公司的 F－35"闪电Ⅱ"战斗机和虚拟"宙斯盾"武器系统展示了共享实时传感器数据的能力。通过 F-35 战斗机的多功能先进数据链，在 F-35 战斗机与盟国非 F-35 平台进行实时数据交换，为《太平洋威慑计划》提出的目标提供直接支持。该计划的内容包括通过大规模演习来进行创新实验，为构建联合全域信息共享能力提供支持。洛克希德·马丁公司副总裁布丽奇特·劳德代尔表示，此次军演证明在 21 世纪作战网络中心架构中，F-35 战斗机的传感器融合能力使其成为最先进的节点。

俄罗斯完成"锆石"高超声速导弹潜射试验 10 月，俄罗斯北方舰队指挥官阿列克山德勒·莫伊谢耶夫向俄国国防部部长谢尔盖·绍伊古报告称，"锆石"高超声速巡航导弹潜射试验成功完成。2021 年 10 月 4 日，俄罗斯海军"北德文斯克"号核潜艇首次成功试射了"锆石"高超声速导弹。此次潜射测试工作获得成功，导弹的各项指标达到设计要求，表明"锆石"导弹的所有性能指标都得到全面验证。

美国国防部授出应用高超声速研究合同 10 月，美国国防部通过"应用高超声速大学联盟"授出 18 个为期 3 年的研究项目合同，总价值约 2550 万美元。这些项目将推进应用高超声速研究，同时建立以高超声速为重点的科学。每个项目由"应用高超声速大学联盟"大学合作伙伴领导，汇集来自全国各地的专业团队，解决高超声速难题。这些项目支持的研究团队包括 29 所大学、15 个行业合作伙伴、3 个国家实验室和 4 所国际合作大学。

洛克希德·马丁公司建立智能数字动力高超声速生产设施 10 月，美国洛克希德·马丁公司在阿拉巴马州考特兰建立了一家"智能工厂"，用于生产 GM-183A"空射快速响应武器"（ARRW），以及美国陆军和海军的两种高超声速武器系统。洛克希德·马丁公司的一份声明显示，该"智能工厂"被称为"4 号导弹装配大楼"（MAB 4），是洛克希德·马丁公司

2021年开设的四个"智能工厂"之一。2021年8月,该公司的高级开发部门"臭鼬工厂"在加利福尼亚州帕姆代尔开设了另一处生产基地,用于制造包括无人机、"下一代空中优势"的秘密武器原型系统。该基地将在帕姆代尔生产"空射快速响应武器"样弹,批量生产工作交给洛克希德·马丁公司的导弹和火控部门。

诺斯罗普·格鲁曼公司演示云环境下"平台一号"的快速软件部署
10月,诺斯罗普·格鲁曼公司与美国空军第76软件工程团队合作,利用空军的DevSecOps环境——"平台一号",首次演示了如何通过安全的云环境为飞行级任务硬件提供模拟软件更新。第76软件工程团队利用开放任务系统软件,修改了代码,通过加密互联网将软件传输到美国东海岸的诺斯罗普·格鲁曼公司团队,然后由该团队执行模拟情报、监视和侦察任务,在任务结束时将数据和结果返回给廷克空军基地的第76软件工程团队。这是美军首次演示在安全的云环境中使用"平台一号"远程部署开放任务系统软件,对于美国政府、军方和工业部门数字化转型具有重要意义,实现了联合全域指挥与控制(JADC2)的关键能力。

美国陆军批准"精确打击导弹"进入工程设计和制造开发阶段 10月,美国陆军负责远程精确火力现代化工作的官员表示,陆军已批准"精确打击导弹"计划进入工程设计和制造开发阶段,之后将在加利福尼亚州范登堡空军基地进行发射试验,射程预计将超过499千米。约翰·拉弗蒂准将表示陆军原计划于2021年8月进行试射,但由于场地安排,该试验被推迟到10月。美国陆军于2021年9月30日授予洛克希德·马丁公司一份6200万美元的合同,用于该导弹的工程设计和制造开发阶段,以实现"精确打击导弹"于2023财年部署的目标。美国陆军在其2022财年预算申请中要求提供资金,以将该导弹增程至1000千米甚至更远。

俄罗斯尝试使用无人机控制"口径"巡航导弹 10月，俄罗斯南方军区的新闻部门称，俄罗斯海军首次使用无人机班组实现对"口径"巡航导弹打击岸上目标进行控制。试验中"大乌斯秋格"号小型导弹舰进行"口径"导弹训练发射，"海鹰-10""副翼-3"无人机则从"达吉斯坦"号舰队旗舰上发射升空，负责控制导弹击中目标。相关专家称，无人机可以监控目标位置和目标上武器的使用。不仅可以提供目标指示，同时也提供了对目标全新的观察角度和清晰细节信息。

美国海军授予Ultra公司1100万美元指挥和控制系统升级合同 10月，美国海军国际项目办公室下发1100万美元的初始订单，用于全套指挥、控制和情报（C^2I）系统，以集成传感器和远程站点并为突尼斯武装部队（TAF）提供最先进的通用作战图。Ultra公司的防空系统集成器（ADSI）和态势感知管理系统（SAMS）将被整合到包括联合作战指挥中心（JOCC）在内的不同地点的突尼斯武装部队中，并将提供全方位的C^2I，作为实时战术数据链、传感器和情报数据之间的桥梁。ADSI通过融合传感器、情报和战术数据链，以提供通用战术和通用作战图，将为TAF提供可靠且可互操作的多域作战。

研究人员在现实环境中实现量子网络通信 10月，由美国能源部橡树岭国家实验室（ORNL）、斯坦福大学和普渡大学组成的一个团队开发并展示了一种新型多功能量子局域网（QLAN），使用纠缠光子穿过光纤，实时调整与ORNL地理隔离系统进行共享的信息。该团队在QLAN中的所有配对链路上应用了这种技术，展示了基于纠缠的量子通信的可扩展性。研究人员将位于ORNL的三个不同实验室中的远程节点连接在一起，光子从包含光子源的实验室，通过ORNL现有的光纤基础设施成功将纠缠分布到其他两个实验室。使用GPS天线与每个节点共享信号，以确保基于GPS的时钟在几纳秒内同步。该团队正试图通过了解纠缠分布带宽等关键功能来构建量子互联网。目标是开发演示量子网络应用所需的基本工具和构建模块，以便可以部署在真实网络中以实现量子优势。未来将对 QLAN 进行小规模升级，包括添加更多节点和将波长选择开关嵌套在一起，以形成互联网络的量子版本。发展量子互联网的下一个重要步骤是将 QLAN 连接到其他量子网络。

美国陆军将在 2021 "会聚工程" 演习中展示 110 项新技术　10 月，美国陆军 2021 "会聚工程" 军事演习将于亚利桑那州的尤马试验场和新墨西哥州的白沙导弹发射场进行，主要试验未来全域作战的作战新技术、战力和概念。此次陆军试验为期六周，涵盖 110 项技术，目的在于研究技术的预期效果和互操作性。陆军未来司令部情报和安全（G2）主管莫恩斯顿表示，本次演习参与方包括空军、海军和海军陆战队，真正实现了联合行动。

美国陆军接收首个高超声速导弹营全套地面装备　10 月，美国陆军第 1 军第 17 野战炮兵旅第 3 野战炮兵团 5 营，从主承包商洛克希德·马丁公司接收了首个"远程高超声速武器"（LRHW）导弹连的全套原型硬件系统，名为"黑鹰"（DarkEagle），具体包括 1 辆充当营级操作中心的指挥车、4 辆运输起竖发射车以及相应改装卡车和拖车，但并未接收实弹。本次地面装备的接收是美国陆军远程精确火力工作的一个重要里程碑。

美国陆军精确打击导弹试验中打破射程纪录　10 月，美国陆军精确打击导弹（PrSM）在加利福尼亚州范登堡基地的飞行试验中打破射程纪录。该公司没有透露 PrSM 飞行试验的具体射程，但试验的目标是检验导弹能否突破 499 千米的设计上限。精确打击导弹旨在取代陆军战术导弹系统，在未来陆军纵深打击任务中扮演重要的角色。2021 年 9 月 30 日，美国陆军授予洛克希德·马丁公司一份价值 6200 万美元的合同，批准 PrSM 进入工程和制造开发阶段。陆军计划在 2023 财年首次部署该武器。

美国航空环境公司成功演示"美洲狮"无人机与"弹簧刀"巡飞弹协同能力 10 月,美国航空环境公司宣布其利用"美洲狮"(Puma 3 AE)小型无人机系统(UAS)和"弹簧刀"(Switchblade 300)战术导弹系统成功进行了"传感器到射手"(S2S)能力的海上演示。据称,演习的关键部分是展示多个美国与英国的控制系统功能的互操作性,以促进通过"美洲狮"通信中继连接转移可互换的跨域资产的战术控制和规划任务。演习中,"美洲狮"无人机从美国海军"卡森城号"舰艇发射,用作情报、监视和侦察(ISR)。发射后,位于特罗亚的海上作战中心(MOC)操作人员通过该无人机识别机动目标,随后将目标位置信息通过 S2S 以数字方式传输至"弹簧刀"巡飞弹,巡飞弹随即从英国无人水面艇上发射。

美国陆军计划测试采用冲压发动机的新型炮弹 10 月,波音公司领导的团队最早将于 2022 年夏天为美国陆军演示一种采用冲压发动机的 Ramjet 155 新型炮弹。该炮弹由波音公司、BAE 系统公司和挪威军火公司 Nammo 共同开发,能够以 250 米/秒的速度飞行,飞行距离将超过 70 千米,大约是 M109 "圣骑士"榴弹炮发射 XM1113 火箭辅助炮弹 40 千米射程的两倍。炮弹采用冲压发动意味着飞行时吸入氧气,不需要携带氧化剂,能够飞行更长的距离。作为美国陆军增程火炮弹药套件项目的一部分,波音公司 2019 年 7 月获得了第一阶段合同,2020 年 5 月获得了第二阶段合同,预计 2022 年开展 Ramjet 155 正式测试前进行另一轮筛选。

英国国防部选择英礴公司提供数字孪生网络 10 月,英国数字基础设施专家"英礴国防和国家安全"公司将提供下一代通信网络数字孪生,以帮助国防数字化部门运营其复杂的技术基础设施。该合同作为英国国防部数字化转型计划的一部分,由国防数字化部门领导,负责确保军队和商业前线能够使用最有效的数字和信息技术。这一最新计划将使用户能够加强服务运营、进行网络升级和管理、进行复杂的采办并增强网络弹性。数字孪生将使用由英礴公司与战略司令部合作开发的单一合成环境（SSE）平台。建立在该平台上的能力将能够增强系统弹性，加快决策并提高效率，以支持国防部的多种数字化应用。

美国加速发展高超声速武器　10 月，美国海军宣布，2021 年 10 月 20 日美国海军和陆军已经成功对高超声速武器部件进行了三项新测试，这些组件将于 2022 年投入使用。美国国防部表示，桑迪亚国家实验室在美国宇航局沃洛普斯飞行基地进行了测试，这些测试"在现实的操作环境中展示了先进的高超声速技术、能力和原型系统"。据悉，自 2000 年初以来，美国一直积极发展高超声速武器，作为其"瞬间全球打击"计划的一部分。

美国助推火箭故障导致高超声速试验失利　10 月，美国国防部证实，美国国防部于 2021 年 10 月 21 日进行的一次高超声速飞行试验因助推火箭出错而导致试验失败。五角大楼发言人少校蒂莫西·戈尔曼在一份声明中表示，试验中使用的助推器不是高超声速计划的一部分，也与通用高超声速滑翔体无关。导弹助推器仅用于试验目的。戈尔曼强调，失败与高超声速技术无关，只是助推器的问题。五角大楼已经启动了一项审查，以确定助推器系统失败的原因。

美军授予洛克希德·马丁公司"联合防区外空地导弹"改进合同　10 月，美国空军寿命周期管理中心位于佛罗里达州埃格林空军基地的部门授予佛罗里达州奥兰多的洛克希德·马丁公司导弹与火控分部一份总金额 1345.85 万美元的成本加定酬类合同修订（P00026），开展"联合防区外空地导弹"（JASSM）控制作动系统（CAS）替换工作，为当前正在生产、但即将过时淘汰的控制作动系统提供一种替代产品。乙方将在奥兰多履行合同规定的工作，预计在 2023 年 8 月 15 日前完成。在授出合同时，美国空军正从 2021 财年采购经费中全额拨付资金。该合同修订使合同累计金额增至 2.56 亿美元。

挪威空军将装备"联合打击导弹" 10 月，挪威国防物资局（NDMA）授予康斯堡国防和航空公司（KDA）39.5 亿挪威克朗（4.7 亿美元）的合同，为挪威的 F-35A"闪电Ⅱ"战斗机机队提供"联合打击导弹"（JSM）。2021 年，美国空军在加州爱德华兹空军基地已完成 4 次 JSM 试飞试验（2 月两次初步测试，6 月两次后续测试）。该合同标志着 JSM 导弹进入里程碑 C 阶段，将转入低速率生产阶段。JSM 导弹的研制过程是基于 F-35 战斗机的发展进度推动的，安装了 Block 4 软件的战斗机将可携带该弹，这将大大提高战斗机的作战能力。

美国空军在三色旗演习中进行跨国家数据共享试验 10 月，美国空军上周首次在三个不同的地点同时进行了三色旗试验活动，以了解在不同作战空间的电子数据共享情况。美国空军表示，他们使用了一系列数据传输网络来远距离传输目标数据。通过创建机载 Link 16 战术数据交换网络，将数据传输到地面链路，然后在每个试验之间传输信息。

美国海军授予雷声公司首个海上打击"战斧"导引头合同 10 月，美国海军航空系统司令部（NAVAIR）授予雷声导弹与防御公司第一份低速率初始生产（LRIP）合同，价值 1960 万美元，用于装备重新认证的美国海军战斧 Block Va 巡航导弹的海上打击战斧（MST）传感器套件，其中包括 15 个 MST 多模导引头和相关子系统的制造、集成、鉴定和测试。

印度空军与印度国防研究与发展局联合测试本土远程炸弹 10 月，印度国防研究与发展局（DRDO）与印度空军在空中平台上联合测试了一种本土开发的远程炸弹（LRB）。该炸弹从印度空军战斗机上投放后，引导命中远距离的陆上目标，精度在规定范围内。LRB 的飞行过程和性能检测由多个距离传感器共同完成,包括光电跟踪系统(EOTS)、遥测和在奥里萨邦昌迪布尔综合测试场部署的雷达。

普京称俄罗斯海军2022年装备"锆石"高超声速导弹 11月,俄罗斯总统普京在国防工业会议上表示,"锆石"高超声速巡航导弹的试验已接近完成,将从2022年开始交付俄罗斯海军。普京表示海基"锆石"高超声速巡航导弹的试验即将结束,在试验过程中,它从水下位置和水面舰艇准确地击中了陆地和海上目标,完全符合指定任务。从明年起,该导弹将开始在俄罗斯海军服役。

挪威海军签署价值1.7亿美元的海军打击导弹订单 11月,挪威国防物资局(FMA)签署了两份价值1426挪威克朗(近1.7亿美元)的合同,用于交付新一批海军打击导弹(NSM)并维护现有库存。新的NSM将装备在海军的护卫舰上。相关人员在一份声明中宣布,将对现有的导弹库存进行一系列维护行动,以延长其作战时间并继续为海军提供最先进的防御能力。

俄罗斯计划研制反舰巡飞弹 11月,据军事工业综合体消息,俄罗斯正在开发反舰无人机系统。该系统由侦察无人机和几种类型的巡飞弹(自杀式无人)组成。所研制的巡飞弹既可以从岸边公路发射装置上发射,也可以使用舰载发射装置发射。目前无人机已经完成在小型船只上的初步发射试验。该系统与反舰巡航导弹相比,具有运用成本低廉的优点。针对大型护卫舰或驱逐舰,则可大规模使用巡飞弹对其侦测、指挥和武器系统发动攻击。

洛克希德·马丁公司和拉斐尔公司合作为美军开发SPICE-250精确制导弹药 11月,洛克希德·马丁公司和拉斐尔公司签署了一项扩大合作协议,共同开发、营销、制造和支持拉斐尔的智能、精确命中和具有成本效益的 SPICE–250 精确制导弹药，并将销售给美国和波兰。该协议标志着该弹药首次向美军出售。"SPICE"弹药采用 EO/GPS 制导系统，将可空投的非制导炸弹转换为精确制导炸弹。由于结合了卫星制导的优点，"SPICE"弹药比大多数 EO 制导炸弹（例如 GBU–15）更先进。它能够攻击伪装和隐藏的目标，同时为多个此类目标提供"发射后不管"选项，能够在全天候和任何光照条件下操作。由于其体积小、重量轻，可直接安装在轻型攻击机存储站上。最新推出的自动目标识别（ATR）功能是一项技术突破，使 SPICE 250 ER 能够使用先进的 AI 和深度学习技术，在打击前有效地学习特定的目标特征。

五角大楼授予洛克希德·马丁公司价值 2.43 亿美元的远程火力开发合同 11 月，洛克希德·马丁公司导弹与火控部门赢得了一份价值 2.43 亿美元的不确定数量、无限期交付的陆军合同，用于"远程火力技术开发和演示"。合同将支持精确打击导弹（PrSM）和多火箭发射系统弹药和发射器的研究、开发、测试和评估。合同有效期至 2026 年 10 月 27 日。

俄罗斯在研小型化隐身巡航导弹 11 月，俄罗斯正在研制"产品–506"最新型巡航导弹，该弹是一种小型化隐身巡航导弹，能够命中数千米之外的目标，未来将可装备图–160M 和图–95M 等新型轰炸机。该弹药由战术导弹武器集团旗下的"彩虹"机械制造设计局研制，亚声速飞行，采用隐身设计，其尺寸将比轰炸机现装备的导弹更小，将增加轰炸机携带的载弹量。根据政府采购网站上的"产品506"合同，该弹使用"产品37R"发动机，该发动机是一次性小型双涵道涡轮喷气发动机（ТРДД–50 系列发动机的一种），与 ТРДД–50 系列其他发动机的主要区别在于使用"Decilin"和"Decilin–M"的混合物取代传统的航空煤油，可在不增加燃料箱的尺寸和体积的情况下增加导弹的射程。

美国陆军开发通信软件支持 PNT 传感器通信　11 月，美国陆军 C5ISR 中心正在开发一种基于开放式体系架构的 pntOS 软件，旨在通过提供适应性、可重新配置能力，实现新型定位、导航和授时（PNT）传感器的随时接入。pntOS 的核心是一个应用接口程序，可以作为与不同程序或应用互连的软件中介，针对不同编程语言，可实现其相互理解。应用接口程序是作为美国国防部向联合全域指挥和控制方向发展的核心，实现不同系统在任何作战域间相互传递数据。pntOS 解决方案预计在 2021 年底前达到 7 级成熟度，将缩短新能力的集成时间，更快地将技术和能力提供给作战人员。

俄罗斯为苏-57 战斗机研发"幼虫"-MD 高超声速导弹　10 月，俄罗斯正在为苏-57 战斗机开发"幼虫"-MD（Larchinka-MD，Личинка-МД）高超声速武器系统。该型高超声速武器的主要研制单位是俄罗斯战术导弹武器集团（KTRV），很可能是用于取代俄罗斯现役的 Kh-31 超声速反舰导弹。目前该产品正处于原型设计阶段，尚未进行试飞。"幼虫"-MD 武器系统将装载在苏-57 内置弹舱内，其动力装置采用"产品 70"（изделие 70）发动机。

美国空军增购 94 枚 AGM-158B 轻型空射巡航导弹　11 月，美国空军寿命周期管理中心位于佛罗里达州埃格林空军基地的部门授予位于佛罗里达州奥兰多市洛克希德·马丁公司导弹与火控分部一份总金额 9733.6915 万美元的恒定价格类合同修订（FA8682-21-C-0001 P00007），购买 94 枚第 20 生产批次（Lot 20）的"增程型联合防区外空地导弹"（JASSM-ER）以及弹箱。乙方将在奥兰多市和美国阿拉巴马州特洛伊履行合同规定的工作，预计在 2026 年 6 月 30 日前完成。

美国海军使用 MK-60"格里芬"导弹进行实弹演习　11 月，美国海军沿海巡逻舰使用 MK-60"格里芬"导弹系统在波斯湾进行了实弹演习，

MK-60"格里芬"导弹系统被集成在一艘"暴风"级巡逻艇上,用它来打击模拟舰艇威胁的遥控船。"格里芬"导弹是雷神公司开发的一种轻型精确制导弹药。它可以作为火箭动力导弹从地面或空中发射,也可以作为制导炸弹从空中投放。它携带一个相对较小的弹头,旨在成为一种用于非正规战争的低附带毁伤精确武器。

美国国防部计划以两年为周期快速升级高超声速武器 11月,美国海军战略系统计划(SSP)总监强尼·沃尔夫中将11月18日在海军潜艇联盟(NSL)年度论坛上透露,美国国防部已建立技术路线图,未来将以两年为一个周期,持续、快速升级高超声速武器,在新技术经实验验证生产成熟度和可靠性后不断创造插入"窗口",从而实现对竞争对手的技术超越。

美国空军研究实验室寻求数字化转型技术和流程 11月,美国空军寻求"数字化转型技术和流程"(DTTP)联盟来开发、演示和验证先进的数字工程和数字制造工具,以加快它们在空军机构和广泛的工业基础中的应用。由DTTP联盟解决的数字化方面的问题包括但不限于:通过任务分析进行早期评估(探索提交方案的实际操作价值);通过无纸化审查、验收和审计缩短开发时间;通过系统建模支持社区运营和系统功能洞察;基于数字线程能力确认数据的真实来源;有效验证机构或系统概念满足严格的相关安全要求;增强标准化和机构间的通用接口,支持替代解决方案、快速产品开发并增强制造灵活性;基于模型能力增强对后勤和现场能力的维护。美国空军认为,所有目标都需要一个强有力的联盟通过专业知识提供高级数字工程和对数字制造工具、概念和流程的评估、开发、演示、风险降低和验证。

美国陆军授出高超声速热防护系统研究合同 11月,美国陆军授予了Dynetics公司一份价值4.78亿美元的合同,用于开发高超声速武器热保护系统原型。根据美国国防部声明，合同范围将包括开发高超声速热防护系统原型、支持材料研究和检查，工程活动由位于阿拉巴马州红石兵工厂的美国陆军快速能力和关键技术办公室承包。合同工程将在阿拉巴马州的亨茨维尔进行，预计 2027 年 11 月竣工。

美国约翰·霍普金斯大学牵头展开高超声速飞行器"边界层转捩"研究　11 月，在美国空军研究实验室空军科研局（AFRL AFOSR）的资助下，美国约翰·霍普金斯大学应用物理实验室（APL）与多所大学联合展开高超声速飞行器"边界层转捩"（BOLT）现象研究，目前已开发出观测 BOLT 现象的试验设备，以便为推进高超声速飞行动力学研究提供必要的数据。参研究单位包括明尼苏达大学、普渡大学和德克萨斯 A&M 大学，美国宇航局（NASA）兰利研究中心、卡尔斯潘大学布法罗研究中心（CUBRC），约翰·霍普金斯大学应用物理实验室在这些大学和研究中心进行过 18 个月的风洞试验，将从 7 个风洞中获得 10 项测试数据。与此同时，BOLT 项目还得到了 AFRL 航空航天系统局以及瑞典航天公司、德国国家航空航天、能源与运输研究中心（DLR）的资助，澳大利亚国防科技集团还提供飞行计算机。

美国诺斯罗普·格鲁曼公司展示迷你通信、导航和识别系统　11 月，为满足联合全域指挥与控制作战要求，美军近日展示迷你通信、导航和识别（CNI）系统。该系统尺寸小、重量轻、功率低（SWaP），采用模块化开放系统方法（MOSA）架构，具有自主故障检测和系统重新配置的功能，使士兵能够快速适应任务需求。另外，可通过频率灵敏度和频谱意识灵活管理"传感器到射击武器的链接"。2022 年，诺斯罗普·格鲁曼公司将为该系统升级，如整合先进的低截获率/低拒止通信率和开放新模块化功能。

欧洲导弹集团试射增程型"火星"反舰导弹　11 月，欧洲导弹集团（MBDA）在意大利撒丁岛成功进行了增程型"火星"反舰导弹试射，验证了导弹的性能和可靠性。试验中，导弹在其任务规划软件的支持下进行了远程掠海飞行，在直线飞行至射频导引头激活点后，进行了三次主转弯和一次跃升/俯冲机动，在末段成功进行了其反近防武器系统的机动，此次试验验证了"火星"反舰导弹快速目标识别、选择和跟踪的能力，末段通过新型固态射频导引头展示了其末制导的有效性，导弹还测试了涡喷发动机的启动时间和推力。此次试验是该"火星"反舰导弹开发阶段的最后一次试验，预计 2022 年初投入使用。

美国空军"空射快速响应武器"将在几月内重启飞行试验 12 月，美国空军"空射快速响应武器"（ARRW）项目负责人玛利亚·巴德表示，审查委员会已确定 7 月飞行试验失败的根本原因为"电气问题导致推进器点火装置出现故障"。项目团队已实施了纠正措施，包括一些设计升级以及对处理、整合和试验前准备活动的改进。完成这些工作后，预计将在未来的几个月里重启飞行试验，进行第三次飞行验证，预计在 21 世纪 20 年代初期部署实战能力。巴德还表示，7 月助推飞行试验失败为项目团队提供了宝贵数据，出现了一系列首次出现的情况，包括验证了安全发射和推进器鳍片展开等。飞行试验的推迟将对投产工作产生影响，2021 年 8 月，美国空军装备指挥部项目执行官希斯·柯林斯准将表示，美国空军将在成功完成战备弹飞行试验之后再授予生产合同。

美国海军陆战队对部署高超声速武器持开放态度 12 月，美国海军陆战队司令大卫·伯格将军称，如高超声速武器尺寸对于新前线部队不是太累赘，海军陆战队则将对未来采用这种武器持开放态度。伯格还表示，对于海军陆战队设计用于在太平洋地区灵活机动的部队来说，海军和陆军联合开发的陆基和海基高超声速武器太大。海军陆战队正密切关注陆军 2023 年前部署"远程高超声速武器"的计划，以及海军在 2025 年前在驱逐舰和

2028年前在潜艇上部署"常规快速打击"武器的计划,与海军和陆军保持合作关系,了解进展。不过伯格透露道,如果高超声速武器太大将不打算采用,如果其足够小也许会采用。目前,海军陆战队对美国国防高级研究计划局的"作战火力"(OpFires)项目感兴趣。

美国陆军将于2022年接收110枚"精确打击导弹" 12月,美国陆军已在2022财年申请1.66亿美元,采购110枚"精确打击导弹"(PrSM),且已授予洛克希德·马丁公司2386万美元的合同用于工程研制。这是一款新型地地战术弹道导弹,预计陆军将接用于初始作战试验鉴定。PrSM射程将超499千米,可与M270A2和M142等现有平台兼容。同时,PrSM满足集束和顿感弹药要求,采用开放系统架构设计,为未来提升自身性能应对新兴威胁提供保障。

美国空军寻求新一代可更换弹头的低成本空地导弹 12月,美国空军高级官员表示希望未来使用可更换弹头、低成本的通用导弹,这意味着针对目前专用弹药的重要转变。未来,空军有望依靠新一代更通用的武器完成针对大多数地面目标的摧毁任务,而只需要使用少量的高速、掩体摧毁弹药打击高优先级特定目标。空军的这一转变需要通过引入新型"低成本、可更换"有效载荷实现,允许相同的基础武器适用于不同的目标和飞行剖面。另外,新型空地导弹很可能由更轻的材料制成,并且针对隐身或高速性能进行优化。如果空军的计划得以实现,预计飞机或无人机将携带能够摧毁更广泛目标的廉价武器投入战斗。

美国海军陆战队完成"联合空地导弹"海上试验 12月,美国海军陆战队在佛罗里达州埃格林空军基地完成了"联合空地导弹"(JAGM)海上试验,导弹由AH-1Z"蝰蛇"直升机发射,使用激光和雷达传感器进行制导,击中了7千米外的移动目标,展示了其海上瞄准的能力。为支持亚利桑那州尤马试验场的 AH–1Z "蝰蛇"直升机发射"联合空地导弹",该团队还将在未来几周内进行陆基作战试验。"联合空地导弹"预计在 2022 年在海军陆战队的 AH–1Z 直升机上实现初始作战能力。

印度空射型"布拉莫斯"巡航导弹开始批量生产 12 月,印度国防部宣布,Su–30MKI 机载超声速"布拉莫斯"巡航导弹在例行发射试验后,开始投入大批量生产。该导弹自 1998 年起由俄罗斯与印度公司在俄罗斯"宝石"导弹基础上联合研制,飞行速度可达马赫数 2.5~2.8,射程 300 千米,采用隐身设计。陆基和海基"布拉莫斯"已经批量生产并装备部队,而空基导弹于 2010 年开始研制,并于 2017 年进行了首次空射试验。与陆基和海基"布拉莫斯"相比,空基导弹减轻了 450 千克,增加了尾部稳定装置,弹头整流罩有所改变。

巴西陆军计划引入巡飞弹和武装无人机 12 月,巴西陆军计划短期内采购巡飞弹,并在短期至中期采购具有超视距能力的 0、1、2、4 类武装无人机。巴西陆军正在推动远程驾驶飞机系统(SPrg SARP)计划,这是该军种获得全面作战能力战略计划(Prg EE OCOP)的一部分,旨在获取用于情报、监视、目标截获和侦察(ISTAR)等任务的无人系统、电子信号情报(ELINT)平台、通信情报平台以及后勤、火力支援和指挥控制平台,同时该计划将支持巴西的国防技术和工业界发展。据悉,巴西陆军将于 2022 年正式确立 SPrg SARP 计划。

俄罗斯启动"锆石"高超声速导弹基地建造 12 月,俄罗斯开始为北方舰队、波罗的海舰队、黑海舰队和太平洋舰队建造新的高超声速导弹储存和维护基地,目前各项设施建设已开工。届时,基地将具有"锆石"导弹完善的储存、维护和维修基础设施。其中北方舰队在俄罗斯国防方面起着重要作用,将优先开展导弹基地建设。"锆石"高超声速导弹目前正在巴伦支海和白海水域进行试验，其发射试验主要是从隶属于北方舰队的22350型"戈尔什科夫海军上将号"护卫舰或"亚森级"855型"北德文斯克"号潜艇上进行的。

韩国公布高超声速巡航导弹原型概念 12月，韩国国防发展局（ADD）和韩华集团首次推出了Hycore陆基高超声速巡航导弹原型概念。Hycore项目于2019年启动，为期五年，项目资金2360万美元，计划于2022年利用两枚原型弹开展实弹试验，原型弹将不会配备弹头和导引头。2024年Hycore项目完成后，韩国国防发展局和国防部将开始开发高超声速导弹系统，但具体计划尚未确定。Hycore导弹长8.7米、重2.4千克，配备了双模态超燃冲压发动机、两级火箭助推器、任务计算机、惯性导航系统和遥测设备，将从改进型Hyunmu-2C上发射，Hyunmu-2C是一种用于近程弹道导弹的公路机动式垂直发射系统。一级助推器是一种带有10千克推力和推力矢量控制（TVC）喷嘴的固体火箭，旨在在12秒内将导弹推进至马赫数1.2，其推力矢量控制系统可调节Hycore的位置。二级助推器可将巡航导弹原型加速至马赫数6.2，高度约为19.8千米（65000英尺）。该二级助推器的尺寸和形状与韩国KTSSM导弹相似。二级助推器分离后，巡航飞行器的超燃冲压发动机将开始工作，巡航飞行器用铝和绝缘材料覆盖，可承受871℃的温度。

美国空军"迅龙"项目成功完成实弹飞行试验 12月，美国空军"迅龙"项目于达州埃格林空军基地成功完成"托盘化弹药"系统实弹飞行试验，结束了为期2年的第一阶段系列飞行试验。试验中，空军特种作战司令部MC-130J特种作战飞机将收到目标数据传输到"托盘化弹药"系统，并发射1枚远程巡航导弹实弹和3枚模拟弹，随后远程巡航导弹实弹展开弹翼和尾翼，启动发动机，最终成功击中并摧毁目标。"迅龙"项目下一步将在

2022年春季运用C-17运输机进行巡航导弹实弹试验，未来两年内将其从开发原型转变为作战原型。后续，美国空军将着眼于扩展"迅龙"项目，使其可发射多种类型、多种效能的弹药。

美国海军增购增程型"先进反辐射导弹" 12月，美国海军航空系统司令部授予诺斯罗普·格鲁曼公司价值4566万美元的合同，要求后者向美国海军提供更多的AGM-88G增程型"先进反辐射导弹"（AARGM-ER）。合同内容包括生产和交付16枚全备弹、6枚训练弹、4个内置测试重编程单元和接口设备、初始备件以及所需的制造用品和支持，全部工作预计2024年12月完成。

诺斯罗普·格鲁曼公司加快"高超声速吸气武器概念"项目进程 12月，诺斯罗普·格鲁曼公司希望加快"高超声速吸气武器概念"（HAWC）项目进程，在未来12~18个月进行更多的飞行试验。该项目由诺斯罗普·格鲁曼公司、雷声公司和美国国防部合作开展，诺斯罗普·格鲁曼公司称2021年9月的首飞试验使美军建立了对HAWC的信心，并证明了武器的物理可行性。另外，诺斯罗普·格鲁曼公司的一个高超声速能力中心于2021年7月在马里兰州埃尔克顿工厂建立，将为高超声速导弹系统提供全生命周期生产。

俄罗斯"锆石"高超声速导弹成功完成齐射 12月，俄罗斯总统普京宣布，俄罗斯北方舰队进行了"锆石"高超声速导弹的齐射试验，试射取得了圆满成功。普京表示，"锆石"齐射成功是俄罗斯巩固安全、提高国防能力的重要一步。8月24日，俄罗斯国防部在"军队-2021"论坛上宣布签署了"锆石"导弹采购合同；10月4日，俄罗斯军方首次用潜艇试射了"锆石"高超声速导弹；12月16日，俄罗斯北方舰队由"戈尔什科夫海军上将"号护卫舰从白海水域向阿尔汉格尔斯克州奇扎试验场上的岸上目标发射了"锆石"导弹。俄罗斯国防部副部长阿列克谢·克里沃鲁奇科表示，计划将于2022年向俄罗斯武装部队批量交付舰射"锆石"导弹。

美国海军授出"海军打击导弹"发射模块合同 12月，美国海军授予雷声公司价值2116.4万美元的合同，用于生产美国海军陆战队"海军打击导弹"（NSM）的发射模块及其控制系统。集成于操作单元上的发射模块具备发射两枚海军打击导弹的能力，发射模块由位于地面车辆平台的武器系统进行控制。研发工作将在挪威康斯贝格和美国亚利桑那州图森等地进行，预计2023年4月完成。

俄罗斯"猎户座"攻击无人机试射新型空空弹药 12月，俄罗斯国家技术集团技术动态控股公司新闻中心向记者透露，"猎户座"攻击无人机在测试最新型弹药时摧毁了无人靶标直升机。测试过程中，靶标直升机突飞至军用机场，"猎户座"攻击无人机使用新型武器，在无其他防空装备的情况下发现并摧毁该直升机。"猎户座"是俄罗斯喀琅施塔得公司研制的中高空长航时无人机，巡航速度可达200千米/小时，最大飞行高度为7.5千米，最大战斗载荷达250千克，可在空中最多停留一昼夜，最多可搭载4枚空对地导弹。

2021年精确制导武器领域重要战略文件汇编

文件名称	《国家巡航导弹防御备选方案》		
发布时间	2021年2月	发布机构	美国国会预算办公室
内容概要	报告评估了4种美国巡航导弹防御系统方案及成本,谋求建立一个针对亚声速巡航导弹的防御系统,以保护美国本土的主要的政治、军事和经济中心		

文件名称	《美国陆军远程精确火力:国会的背景和问题》		
发布时间	2021年3月	发布机构	美国国会研究部
内容概要	报告指出潜在对手火炮系统的改进对美国军队,特别是对陆军来说是一个挑战。除了面临火炮系统能力提高和新技术使用的挑战外,特种弹药的扩散也引发人们的担忧——对手火炮武器对美军地面作战系统将产生的潜在威胁。为了应对这一挑战,美国陆军正通过升级现有的火炮、导弹系统,开发新型远程加农炮和高超声速武器以提高火炮系统远程精确打击能力		

文件名称	《高超声速武器——国防部应该明确角色和责任,确保研发活动协调一致》		
发布时间	2021年3月	发布机构	美国政府问责局
内容概要	GAO通过在美国国防部(DoD)、能源部(DoE)、国家航空航天局(NASA)内进行广泛调研咨询,对美国高超声速领域整体发展情况进行了详细的数据统计,从经费投入、项目布局、面临挑战及研发协调性等维度进行了全面性评估		

文件名称	《理解关于远程打击的争论》		
发布时间	2021年4月	发布机构	美国米切尔航空航天研究所
内容概要	报告从打击范围、成本、目标适用性等维度对陆基和空基远程打击力量进行了对比分析,认为在国防预算持平或收紧时期发展空基远程打击力量比发展陆基远程打击力量收益更大,呼吁美国国防部对当前美国陆军"树烟囱"式的远程打击项目进行纠偏		

文件名称	《对更具弹性的国家定位、导航与授时(PNT)能力的分析》		
发布时间	2021年4月	发布机构	兰德公司
内容概要	报告评估了美国GPS在非军事领域面临的现实威胁相关的成本,提出GPS受到破坏所造成的影响通常是可应对的,只有核战争才能在数日内摧毁美国所有的卫星导航能力。报告认为专门开发可以完全替代GPS所花费的成本要比修复GPS花费更高,因GPS中断而开发新PNT系统缺乏必要性		

文件名称	《国防导航能力技术评估》		
发布时间	2021年5月	发布机构	美国政府问责局
内容概要	报告对国防部将GPS作为其定位导航和授时（PNT）能力核心基石的策略提出质疑，并对国防部正在发展的可替代PNT技术进行评估。报告围绕以下三个方面的问题进行了讨论：一是国防部如何满足未来PNT的需求与能力，以及可替代PNT技术的局限性；二是可替代PNT技术如何实现相互集成以及与目前的PNT能力集成；三是如何制定政策解决可替代PNT技术在发展及集成方面的各项挑战		

文件名称	《精确制导弹药：背景和国会议题》		
发布时间	2021年6月	发布机构	美国国会研究部
内容概要	报告介绍了2015—2022财年美国采购情况，并对各类精确制导弹药进行了介绍。最后报告认为国会发展精确制导弹药时还应考虑采购数量和库存评估、国防工业基地生产能力、开发计划、供应链安全、负担能力和成本效益等因素		

文件名称	《常规快速全球打击和远程弹道导弹：背景和问题》		
发布时间	2021年7月	发布机构	美国国会研究部
内容概要	报告指出，"常规快速全球打击"（CPGS）武器将使美国具备一小时内打击世界任何地区目标的能力，美国可以利用这种能力，在冲突伊始或冲突过程中攻击高价值目标或临时出现的目标，慑阻和挫败敌人。美国会总体上支持"快速全球打击"（PGS）任务，但该任务获得的资金一度有限。近年来，发展远程快速打击能力及高超声速武器的工作获得了越来越多的支持		

文件名称	《高超声速武器：国会的背景和问题》		
发布时间	2021年7月	发布机构	美国国会研究部
内容概要	报告阐述了美国高超声速武器研究的背景，分析了美国对高超声速武器项目经费投入情况。报告提出了美国国会应考虑的问题：①高超声速武器承担的作战任务及如何将其纳入联合作战概念中；②国会需制定评估高超声速武器项目资金请求的标准，评估相关项目、技术和基础设施的资金请求是否必要，技术上是否可行；③部署高超声速武器对国家战略的影响；④是否需要针对高超声速武器制定新多边军备控制协定		

2021年精确制导武器领域重大项目梳理

项目名称	主管机构	项目基本情况	研究进展	军事影响
"金帐汗国"（Golden Horde）	美国空军研究实验室	项目旨在提高制导武器的自主化、网络化、协同化能力，使其能够在未来战场环境中做出实时动态响应，提升作战效能	2019年3月，项目启动； 2020年12月，美国空军试验中心完成"金帐汗国"技术验证项目的首次飞行试验； 2021年，美国空军分别于2021年2月19日和5月25日完成了"金帐汗国"项目第一阶段飞行试验，成功演示了"协同小直径炸弹"Ⅰ网络化作战能力，实现了最多6枚弹药建立弹间通信，遵循预定交战规则，识别、评估和协同打击多个目标，从外部作战平台向飞行中弹药发送更新目标的信息，以及弹药同时到达目标等能力	"金帐汗国"项目将实现美国空军主要空地导弹、低成本制导弹药和诱饵弹的协同作战，后续至美军各类导弹武器均可吸收网络化协同作战技术，灵活执行各类任务，突破先进防空系统，最大限度地提高打击特定目标的攻击效费比和灵活性，提升美军的精确打击效能

续表

项目名称	主管机构	项目基本情况	研究进展	军事影响
作战火力（OpFires）	DARPA	为弥补美地面部队在陆基精确打击火力有效射程方面的不足，DARPA于2018财年启动"作战火力"项目，旨在开发和演示验证一种新型陆基发射系统，使高超声速助推滑翔武器能够穿透敌方现代防空系统，快速精确地打击关键时敏目标。该项目将开发一种先进的助推系统，能够适应多种战斗载荷和多种射程要求，以及可与现有地面部队和基础设施进行整合兼容的机动陆基发射平台，具备快速和重新部署特性。OpFires项目分为助推器和武器系统集成两大部分	2018年5月，项目启动；2020年1月，DARPA与美国陆军授予洛克希德·马丁公司第三阶段武器系统集成子项目合同；2020年6月，美国Exquadrum公司完成"作战火力"项目第二阶段研究；2020年7月，航空喷气·洛克达因公司完成"作战火力"项目第二套助推器系统上面级测试，并为助推器研制提供了重要数据；2021年5月，航空喷气·洛克达因公司成功完成"作战火力"项目助推器第二级火箭发动机的全尺寸静态点火试验	OpFires项目成果未来或可转化为一型通用化的陆基武器系统，根据具体的作战任务需求，既可搭载弹道导弹战斗部，也可配装高超声速滑翔战斗部。此种通用化的设计，将可极大节省研制和装备费用，降低技术保障的难度，同时提供更加灵活的打击手段

续表

项目名称	主管机构	项目基本情况	研究进展	军事影响
"吸气式高超声速武器概念"（HAWC）项目	DARPA	项目旨在进行空射吸气式高超声速巡航导弹关键技术开发和武器系统演示验证，在2020年左右将高超声速巡航导弹的技术成熟度提升到6级以上，确保能转入工程研制阶段，同时也为可重复使用高超声速飞行平台的研发奠定技术基础。项目基于前期X-51A等项目的技术成果，进一步开发空射高超声速巡航导弹所需的推进、机身、导航制导与控制、引信与战斗部等关键技术，并将这些技术集成到技术验证机上	2013年11月至2014年12月，技术验证机的指标需求与方案权衡研究阶段；2015年1月至2016年4月，技术验证机的初始设计阶段；2016年10月至2018年3月，技术验证机的定型设计阶段；2018年4月至2021年11月，技术验证机的演示验证阶段；2020年9月，DARPA宣布验证机已完成系留飞行试验，并计划在年内完成自由飞试验；2021年9月，美国国防高级计划局与美国空军成功完成了"高超声速吸气式武器概念"（HAWC）空射高超声速巡航导弹原型首次飞行试验	完成全部飞行试验后，项目成果将转化为美国空军的高超声速巡航导弹，装备战斗机或轰炸机。此外，项目取得的技术成果还将为可重复使用高超声速飞行平台的研发奠定技术基础

续表

项目名称	主管机构	项目基本情况	研究进展	军事影响
"弹用精确鲁棒惯性制导－弹用惯性制导热稳定研究"项目	DARPA	项目旨在为制导弹药研发"没有外部导航援助"（如GPS）情况下的精确导航技术。PRIGM项目计划研制具有低成本、小尺寸、轻质量和低功耗的惯性传感器，需具有高宽带、高精度和抗冲击能力，PRIGM将把MEMS陀螺从TRL－3设备升级到TRL－6转换平台上，并在军兵种实验室实现TRL－7现场演示	2015年，DARPA提出了PRIGM项目；2016年3月，DARPA选定诺斯罗普·格鲁曼公司开发基于MEMS的新一代IMU；2019年，在PRIGM：AIMS项目支持下，卡耐基梅隆大学通过声学和光学组件的材料和器件实现了陀螺性能增强；密歇根大学提出一种用于高Q值陀螺仪精密壳集成谐振器的改进设计和制造方法；2020年3月，在P－RIGM：AIMS项目支持下，美国加州理工学院宣布研发出高灵敏度芯片激光陀螺仪；2021年1月，在P－RIGM：TIGM项目支持下，美国霍尼韦尔公司宣布开发出下一代高精度惯性测量单元HG7930惯性测量单元	将大幅降低陀螺仪的尺寸、重量和成本，具有高集成性、高鲁棒性、强抗冲击性，可应用于各种武器装备和平台的导航系统

续表

项目名称	主管机构	项目基本情况	研究进展	军事影响
"迅龙"项目	美国空军	项目旨在将现役运输机改装为武库机，使之携带大量防区外打击武器，大规模打击目标，从而补充轰炸机远程打击火力的不足。此改装将使武库机具备运输和打击双重能力，且战时可根据需要快速转换角色	2019年9月，项目启动； 2020年1月28日，美国空军研究实验室和空军特种作战司令部在犹他州达格威试验场成功从MC-130J特种作战飞机的后货舱进行了3次托盘化虚拟弹药投放试验； 2020年9月，成功展示了指控"托盘化弹药"武器系统的能力； 2021年5月，成功对"迅龙"项目进行了杀伤链闭环模拟试验； 2021年7月，美国空军使用EC-130SJ和C-17A成功发射了JASSM-ER导弹模拟物； 2021年11月3日，美国空军对项目托盘化弹药系统概念进行了测试； 2021年12月6日，美国空军成功完成"迅龙"托盘弹药系统首次实弹投射试验	项目开发的"武库机"使美军精确打击体系更具灵活性和弹性，可大幅提高美国空军防区外火力打击规模和密度，实现大规模打击分布广泛、规模庞大的大国目标

续表

项目名称	主管机构	项目基本情况	研究进展	军事影响
"灵巧波形射频定向能"（WARDEN）项目	DARPA	项目拟研制稳定、高功率、宽带行波放大器和创新性灵巧波形技术，以改善电磁耦合效果、增强对目标电子设备的打击效果，拟通过4年研究将当前高功率微波武器的后门攻击作用距离提升10倍。其研究内容主要包括三个方面：一是研发采取灵巧波形的高功率微波行波放大器；二是研究快速预测电磁场时空分布变化的电磁响应数字仿真与快速评估技术；三是在目标电子设备上形成破坏效应的灵巧波形生成技术	2021年2月26日，DARPA微系统技术办公室发布了"灵巧波形射频定向能"（WARDEN）项目招标；2021年11月，DARPA授出WARDEN项目启动合同	该项目研发成果，将使高功率微波武器系统可根据探测到的目标，进行快速建模仿真，并发射针对当前目标最有效的高功率微波辐射，大幅提升高功率微波武器的战场适应性

2021年精确制导武器领域重大科研试验

试验名称	国家	时间	试验情况	验证的关键技术
美国空军演示验证"武器一号"数字孪生项目	美国	2021年1月	美国空军研究实验室弹药部对"武器一号"数字孪生项目进行了演示验证。此次演示基于"灰狼"（Gray Wolf）弹群协同项目的一个24小时空中任务指令（ATO）周期模型	此次演示展示了导弹武器如何将在飞行中收集到的战场数据，通过先进作战管理系统（ABMS）回传到虚拟数字孪生体，以及如何借助人工智能和机器学习技术来评估潜在的软件升级

续表

试验名称	国家	时间	试验情况	验证的关键技术
土耳其首款自研中程反舰导弹采用的 TEI–TJ300 涡喷发动机进行试验	土耳其	2021 年 4 月	土耳其首款自研中程反舰导弹采用的 TEI–TJ300 涡喷发动机进行试验，打破同类型发动机最大推力的世界纪录	TEI–TJ300 发动机直径 240 毫米，长 450 毫米，净重 34 千克，最大推力可达 1342 牛，工作高度可达 1500 米，产生的速度可达马赫数 0.9，转速可达 26174 转/分钟；能够在 1524 米的高度以高达 90% 的声速运行，能够以风力（风车）启动，无须任何启动系统（启动电机）
美国中央佛罗里达大学爆震发动机试验取得进展	美国	2021 年 5 月	美国中央佛罗里达大学在海军研究实验室的资助下成功进行斜爆震发动机试验	试验中，该大学建造了一个大约 0.76 米长的系列腔室，将空气和氢气混合加热，然后将其加速至高超声速，并点火。随后该发动机产生爆震并在固定位置保持了大约 3 秒，证明了该发动机的爆震能量可稳定在固定位置，而不发生移动

续表

试验名称	国家	时间	试验情况	验证的关键技术
美国完成"作战火力"项目助推器第二级火箭发动机静态点火试验	美国	2021年5月	在美国国防高级研究计划局"作战火力"项目下,航空喷气·洛克达因公司成功完成"作战火力"项目助推器第二级火箭发动机的全尺寸静态点火试验	试验中实现了按需中止推力,验证了可调推力固体火箭发动机技术
美国空军成功完成"金帐汗国"项目第一阶段飞行试验	美国	2021年2月和5月	美国空军分别于2021年2月19日和5月25日完成了"金帐汗国"项目第一阶段飞行试验,成功演示了"协同小直径炸弹"Ⅰ网络化作战能力	试验实现了最多6枚弹药建立弹间通信,遵循预定交战规则,识别、评估和协同打击多个目标,从外部作战平台向飞行中弹药发送更新目标的信息,以及弹药同时到达目标等能力
美国空军通过B-52轰炸机演示高超声速导弹杀伤链	美国	2021年5月	美国空军通过1架B-52轰炸机成功演示了AGM-183A空射高超声速导弹打击1111千米外目标的杀伤链模拟闭环实验	此次演习成功测试了空射快速响应武器(ARRW)的完整杀伤链,并通过使用传感器试验数据共享与互通互联,演练了美军在基于全域作战能力指控概念下,使用高超声速打击的全新作战方式

续表

试验名称	国家	时间	试验情况	验证的关键技术
美国完成低成本高性能涡喷发动机核心机试验工作	美国	2021年6月	美国克拉托斯公司在"经济可承受先进涡轮技术"（ATTAM）项目下，完成200磅推力系列低成本高性能涡轮发动机核心机试验工作	低成本涡轮发动机的关键技术途径有两点：一是应用新型陶瓷复合材料，能够承受更高温度和强度；二是通过3D打印设计制造更轻的换热器，来提高发动机燃烧效率、热效率和潜在推重比
美国空军进行首次"空射快速响应武器"战斗部引爆试验	美国	2021年7月	美国空军埃格林空军基地第780测试中队完成首次AGM-183A"空射快速响应武器"（ARRW）战斗部引爆实验，该战斗部预计将被集成到AGM-183A助推滑翔飞行器的楔形剖面中	通过试验收集、分析特殊形状战斗部的性能参数
"增程型先进反辐射导弹"完成首次实弹发射试验	美国	2021年7月	美国海军通过F/A-18"超级大黄蜂"战斗机完成AGM-88G"增程型先进反辐射导弹"（AARGM-ER）的首次实弹发射实验	验证系统集成和火箭发动机性能以及弹的远程能力，为后续建模和模拟验证做准备

续表

试验名称	国家	时间	试验情况	验证的关键技术
"空射快速响应武器"第二次助推飞行实验再次失败	美国	2021年7月	美国空军透露"空射快速响应武器"（ARRW）第二次助推飞行试验再次以失败告终，样弹与载机分离后未成功点火，最终坠毁	为了验证助推器与载机的分离，助推器点火等功能
"大规模演习2021"：美国海军陆战队使用"海军－海军陆战队远征舰船拦截系统"成功试射"海军打击导弹"	美国	2021年8月	美国海军陆战队使用"海军/海军陆战队远征舰船拦截系统"（NMESIS）发射了2枚"海军打击导弹"（NSM），并成功命中100海里外位于夏威夷巴金沙太平洋导弹靶场的一艘海军靶舰	这次实弹射击演习显示了海军陆战队前进基地的能力，可以感知、瞄准和打击海上目标，从而获得制海权或促成舰队海上拒止行动
美国空军利用武库机完成一系列远程弹药投射试验	美国	2021年	美国空军在"迅龙"项目下使用3种不同的飞机（MC－130J、EC－130SJ和C－17A），共进行了5次系统级飞行测试	"迅龙"项目下开发的武库机完成一系列远程弹药投射试验，首次展示了武库机投射防区外打击武器的能力

续表

试验名称	国家	时间	试验情况	验证的关键技术
美国空军使用"联合直接攻击弹药"对海上目标进行打击	美国	2021年9月	美国空军第85测试和评估中队的3架F-15E战斗机进行了"快沉"（Quicksink）联合能力技术演示，3架F-15E战斗机向海上移动和固定目标投放了改进型GBU-31"联合直接攻击弹药"（JDAM）	验证了向水面目标投放空射精确制导弹药的新方法、技术和程序，美国空军认为该方法将"改变海上目标杀伤范式"
美国"高超声速吸气式武器概念技术演示验证"项目成功完成首飞	美国	2020年9月	美国国防高级研究计划局与美国空军依托"高超声速吸气式武器概念"（HAWC）技术演示验证项目，联合成功完成空射高超声速巡航导弹原型首次飞行试验	主要验证支撑高效高超声速巡航飞行的先进气动布局技术、碳氢燃料超燃冲压推进技术、热管理技术以及经济适用的系统设计和制造方法等先进技术

续表

试验名称	国家	时间	试验情况	验证的关键技术
美国陆军"精确打击导弹"试射	美国	2020年10月	美国陆军新型战术弹道导弹"精确打击导弹"（PrSM）进行了飞行验证试验，创下射程"新纪录"，但美国陆军并没有透露具体数字	"精确打击导弹"是美国陆军的现代化优先项目，计划在2021年安排三次试验，第一次试验于2021年5月12日进行，试验中导弹射程达到400千米。本次试验为第二次，美军称试验中导弹射程为历次试验最远
美国陆海军高超声速武器首次联合飞行试验失败	美国	2020年10月	美国陆军和海军在阿拉斯加科迪亚克岛进行的助推滑翔式高超声速武器"首次联合飞行试验"（JFC-1）以失败告终，本次试验采用桑迪亚国家实验室和Dynetics公司联合制造的"通用高超声速滑翔体"（C-HGB）Block 0版本，与洛克希德·马丁公司研制的通用助推器集成	本次试验因助推器故障未能成功进行，美军尚不清楚助推器故障发生于升空前还是升空后，升空后的C-HGB状态不详。据试验前透露信息，本次试验管控区域范围为从阿拉斯加的科迪亚克岛到太平洋上的夸贾林环礁，具体超过6000千米

续表

试验名称	国家	时间	试验情况	验证的关键技术
美国海军在波斯湾实弹演练中试射"格里芬"导弹	美国	2021年11月	美国海军在波斯湾举行的实弹演练中成功试射了"格里芬"导弹，导弹从海岸巡逻艇上发射。参与演练的海上装备包括6艘海岸巡逻艇、1艘远征移动基地舰和1艘"阿利·伯克"级导弹驱逐舰	此次演练的主要目的是测试武器系统功能和船员操作的熟练度
俄罗斯"锆石"导弹系统完成一系列海基试验	俄罗斯	2021年	2021年俄罗斯从水上/水下平台共完成7次"锆石"导弹系统试射，其中包括首次水下试射和齐射活动。3月完成水面平台发射的飞行设计试验，10月完成水面平台的国家试验	所有试射活动都成功完成，导弹都成功击中地面或海上目标，试验数据显示导弹的飞行情况符合设计参数